멘탈 갑이 되는

관저의 인문학

'불안한 나'를 위한

인생 밀착 지침서

프롤로그

멘탈 갑이 되는 관점의 인문학

불안한 시대를 극복하는 관점의 인문학

요즘 20~30대들에게서 희망이 사라졌다는 말을 종종 듣는다. 대학을 졸업해도 취업이 어렵고, 가까스로 직장에 들어가고 난 뒤에도 언제까지 자리를 지킬 수 있을지 예측하기 힘들다. 고용 안정 문제가 없어도 고민은 여전하다. 직장 상사, 동료, 후배들과의 관계 때문이다. 자연인으로서 살아갈 때에는 좀처럼 발견하기 어려웠던 '이상한 사람들'을 회사에서 자주 마주치게 된다. 똑같은 말을 해도 다르게 받아들이는 사람들 때문에 불편한 일이 자주 생긴다. 일을 쉬는 주말이면 조금 나아질까? 그렇지 않다. 결혼 걱정, 부모님과의 관계 설정 등 온갖 숙제가 머리를 지끈지끈하게 한다. 그나마 마음을 쉬게 할만한 시간은 스마트폰으로 SNS에 접속하거나 영화를 볼 때. 아니면 카톡으로 친구나 애인과 대화할 때다. 그러나 찰나의 행복은 그다지 오래 가지 않는다. 잠시 쉬고 나면 또 다른 불안과 외로움이 기다리고 있기 때문이다. 나날의 호흡을 따라가기 바쁜 20~30대들에게 꿈이나 희망 같은 것을 이야기하기엔 세상은 너무 벅찬 곳이다.

나이를 먹어도 힘들기는 마찬가지다. 경제적으로 안정되고 사회적으로도 여유가 생겼지만 그 옛날의 감성을 회복하기가 쉽지 않다. 쉬지 않고 달려온 자신을 위로할 만한 방법이 필요한데 딱히 좋은 대안이 떠오르지 않는다. 어디 신선한 것 없나 하고 주변을 돌아보기도 한다. 그러나 40~50대에게 일탈은 마음 속에만 간직해야 하는 것이다. 새로운 도전을 하기에는 너무 많은 길을 왔기 때문이다. 점점 불안해진다. 서글픈 생각으로 머리가 꽉 찬다. '나는 생활인이 되고 말았구나', '나는 언제 예전과 같은 감동을 느끼며 살 수 있을까?'

여기까지가 우리가 답답하고 불안한 '내적 원인'에 대한 이야기다. '외적 원인'을 찾자면 끝이 없다. 점점 나빠지는 국제 경제 추세, 기술 혁신으로 인한 일자리 감소, 사회적 불평등, 저출산 고령화 등. 이 글의 핵심 주제는 아니기에 적당히 정리한다. 다만 이런저런 거시지표를 보면 우리의 삶에서 행복하고 가슴 뛰는 시대를 살기란 쉽지 않을 듯 하다. 누구에게나 기회가 열려 있었던 산업혁명기로 타임머신을 타고 간다면 모를까. 하긴 그때도 어떤 사람들은 힘들고 외롭다는 이야기를 말과 글로 표현하긴 했었지만.

앞으로도 우리는 점점 불안한 사회를 살게 될 것이다. 내 삶을 지탱하는 절대적인 조건이 흔들리는 '지위 불안', 누군가와의 소통과 공유에 한계를 느끼는 '관계 불안'. 그리고 내일도 지금과 같이 탈없이 살 수 있을지 고민하게 되는 '미래 불안'에 시달리는 세상이 될 것이다. 사람은 불안하면 의존하고 싶어진다. 자신의 고민을 나누고 이야기할 수 있는 친구를 찾게 된다. '딱 떨어지는 정답'을 갈구하는 사람들은 멘토를 찾아 헤맨다. 선배나 어른을 만나 상담을 하기도 하고, 종교에 귀의하거나 자기계발서를 통해 치유의 감정을 얻고 싶어한다. 그런데 우리가 기대고 싶어하는 그 대상조차 이리저리 흔들리고 있는 존재라면? 나를 향해 조언을 건네는 누군가가 누렸던 전성기와 지금 이 시대가 너무 달라 그 조언에 설득되기 힘들다면? 게다가 요즘은 모두가 자신이 제일 똑똑하다고 믿어도 별 탈이 없는 '스마트 시대'아닌가. 지혜가 부족하면 검색엔진에 물어보고 카톡으로 대답하면 되는 사회 말이다. 이렇게 정보가 곳곳에 널려 있어서 손쉽게 얻을 수 있으며, 멘토를 자처하는 사람들도 넘쳐나는데, 그러면 사는 게 좀 나아져야 할 텐데. 영 좋아질 기미가 안 보이는 이유는 대체 무엇일까?

우리는 지금 지나치게 데이터가 많은 '선택 장애의 시대'를 살고 있다. 정말 나에게 좋은 게 무엇인지 확신하기 어려운 세상이라는 말이다. 인간은 정보가 너무 많아지면 스트레스를 받는 동물이다. 제아무리 유익한 지식과 데이터라 하더라도 과유불급이다. 우리는 너무 많은 자료들을 대하고 있다. 그래서 정말 가치 있는 것들인지 의심해야 한다. 트렌드를 보라. 언제는 힐링하라며, 언제는 독해지라며 시류에 따라 이런저런 생각과 비법을 내놓는 멘토들이 한 무더기다. 그 마저도 여의치 않자 먹는 것으로, 색깔 칠하는 것으로 삶을 가꿔 보라는 이야기들이 방송가를 뒤덮고 책으로도 나오고 있다. '대체 어떤 말을 들어야 하는 걸까. 옷을 갈아입듯 철마다 멘탈을 붙드는 방법을 바꿔야 된다는 걸까' 혼란만 가중시키는 꼴이다.

방법은 한 가지다. 스스로 생각하는 법을 배우고, 스스로 멘탈을 키우는 것이다. 어려운 상황에서도 의연하게 대처할 용기, 상대하기 어려운 사람과의 소통도 너끈히 해낼 만한 용기가 필요하다. 그러자면 상황을 바라보고 해석할 만한 '관점'이 필요하다. 어느 날 갑자기 관점이 생기는 게 아니다. 다른 사람들의 생각을 참고해야 한다. 옛날 문학, 역사, 철학의 저자들이 그 실마리가 될 수 있다. 인문학 말이다.

필자들은 이 책을 통해 인문학에 대해서 과감한 정의를 내리려고 한다. 인문학 텍스트를 열심히 읽는 건 중요하지 않다. 인문학적으로 생각하고, 문제를 해결하고, 누군가를 설득하기 위한 '관점'이 중요하다. 그런데 그 관점은 정통 인문학자나 대중 저술가들이 별로 깊이 생각하지 않은 부분이다. 우리는 지금껏 인문학이 막연하게 삶에 대해 반성하는 태도를 길러주는 학문이라고 생각했다. 비판과 추상화가 인문학의 본질인 줄 알았다. 그 또한 인문학의 장점이지만, 어디까지나 인문학의 일부일 뿐이다. 인문학은 옛 사람들이 살아온 인생의 흔적들이 쌓이는 가운데 만들어진 학문이다. 역사가가, 철학자가, 문인이 글을 쓰고 생각을 나누었던 시대의 다양한 사회 경제적 배경들이 반영되어 만들어진 유산이라는 말이다. 여기에는 꼭 어려운 이론만이 아니라 인간의 온갖 희,노,애,락,애,오,욕이 묻혀 있다.

인문학은 바이블이 아니다. 선배 세대들이 겪었던

생활의 이런저런 장면들이 압축된 드라마나 영화 같은 것이다. 우리는 수많은 인문학의 장면들 속에서 삶의 문제들에 딱 맞는 부분을 골라낼 필요가 있다. 나에게 필요한 관점, 내 몸과 마음을 더욱 건강하게 하고 키우는 관점 말이다. 우리 스스로 건강하게 생각할 힘을 기르는 '인생 밀착 인문학'이 필요하다.

인문학으로 떠나는 관점 여행

이제부터 여러분과 함께 인문학으로 떠나는 '관점 여행'의 길에 들어서게 될 것이다. 각 장(章)은 우리가 진정한 '멘탈 갑'이 되기 위한 관점을 갖추어가는 단계다.

우선 '건강한 초점'을 맞추는 연습을 해야 한다. 우리 주변에 있는 다양한 일들, 관계들, 일상생활에서의 취미들이 갖고 있는 속성과 본질을 헤아리기 위한 작업이 필요하다. 사람들은 분석적 사고를 갖고 일상을 대하지 않는다. 그냥 습관적으로 살아갈 뿐이다. 지금까지 우리가 받아들이기만 했던 현실들에 대해 새로운 시각으로 바라보고, 집중할 부분을 골라내야만 한다.

그 다음은 '과감하게 줄이기'다. 인문학이 갖고 있는 원래 목적 중 하나인 비판적 사고 기능을 되살려야 하는 부분이다. 우리는 몸뿐만 아니라 마음도 뚱뚱해 지는 시대를 살고 있다. 무작정 받아들이고 사는 것들이 너무 많다. 나만이 옳다는 생각, 자신의 원칙을 흐트러지게 하면 안 된다는 집착, 관계에 대한 강박 등 온갖 것들이 우리 자신을 괴롭힌다. 이제는 이런 것들을 거부할 용기, 저항할 용기가 있어야만 한다. 너무 많이 먹으면 살이 찌듯 삶에서 직면하는 다양한 현실을 그대로 용인하면 마음도 비만이 되고 만다. 인생 무게를 가중시키는 온갖 것들로부터 해방되기 위한 '자기 구조 조정 플랜'이 필요하다.

건강한 초점을 맞추고, 과감하게 줄이는 작업을 마치면 관점을 키우고 다지기 위한 노력이 필요하다. 강한 멘탈을 위한 인문학 훈련이다. 복잡하고 불안한 세상에서 슬기롭게 살아 나가기 위한 '마음 근육을 키우는 단계'다. 멘탈 갑, 의지 갑의 전형인 경영자들도 비슷한 개념을 이야기한다. 알리바바 창업자 마윈 회장이나 후지츠 필름을 회생시킨 고모리 시게타카 회장은 '머슬 인텔리전스'*(Muscle intelligence)*, 즉 근육 지성을 키우라고 말한다. 개인이든 기업이든 좋은 시기가 있으면 나쁜 시기도 있다. 불행이 올 것을 염려하고만 있을 게 아니라 어떤 위기가 와도 금세 회복하고, 버틸 수 있는 토대를 만들어야만 한다.

마지막 단계는 '자아의 진화'다. 꾸준한 관점 훈련을

통해 성숙한 자아를 꽃피워야 한다. 자기 관점을 가진 사람은 자신만의 이론을 만들 수 있다. 새로운 것에 눈을 돌릴 수 있는 능력, 과거의 것을 버릴 수 있는 용기, 중요한 주제에 집중할 수 있는 역량을 갖춘 사람은 주변을 변화시킬 수 있는 '자기 소리'를 낸다.

인문학은 역사 속 인물들을 통해서만 배울 수 있는 게 아니다. 강단에서 활동하고 있는 전문 연구자가 독점한 영역도 아니다. 당신의 모든 일상 속에 인문학이 있다. 우리의 삶을 좀 더 넓고 깊게 바라보고자 하는 의지를 지닌 사람, 그럴 듯한 남의 가르침이 아니라 자기만의 멘탈을 구축하려는 이들 모두에게 주어진 선물이다. 꾸준히 연습하고 습관을 들이면 '또 다른 나'로 바뀔 수 있다. 자, 이제 시작이다. 불안한 과거의 삶에서 강한 자신이 되기 위한 '관점의 길'로 떠나는 여행이다.

2016년 2월 천영준, 김나영

contents

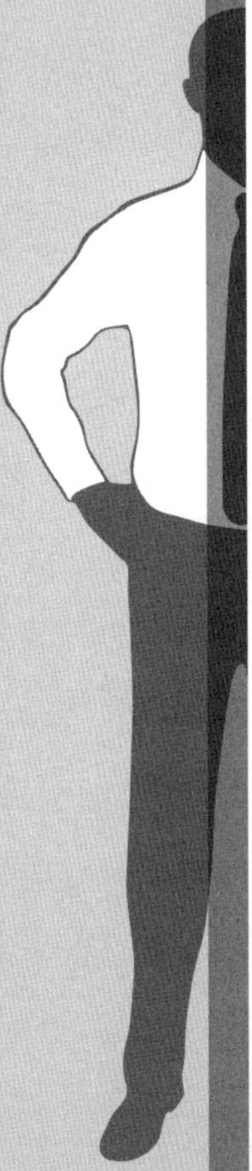

1 건강한 초점

2 과감한 축소

3 마음 근육 훈련

4 자아의 진화

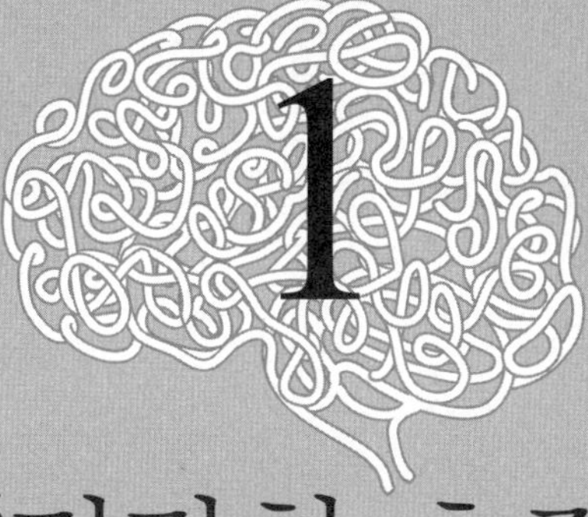

1

'건강한 초점'

잘 읽고 계십니까?

"반대하거나 논쟁하기 위해 독서하지 말라. 내용을 그대로 믿거나 화술의 밑천으로 삼기 위해 독서하지 말라. 다만 생각하고 생활하기 위해 읽어라"*(프란시스 베이컨)*.

독서, 타인의 글을 읽는 다는 건 형언할 수 없을 만큼 중요하고 가치 있는 일이다. 소크라테스는 "남의 책을 읽는 데 시간을 들여라. 남이 애써서 얻은 것으로 자기 자신을 쉽게 개선할 수 있다"라고 했다. 경험과 지식, 그로 인한 깨달음이 집대성된 저작물을 통해 더 나은 내가 될 수 있다는 확신을 표현한 것이다.

그러나 '읽기'는 매우 어려운 일이다. 글자를 읽을 줄 안다고 제대로 읽는 건 아니라는 말이다. 괴테는 "나는 책 읽는 방법을 배우기 위해 80년을 바쳤다. 그럼에도 아직까지 그것을 다 배웠다고 말할 수 없다"라고 하지 않았던가. 이처럼 제대로 읽기란 평생을 다 바쳐도 완전히 습득할 수 없는 것일지도 모른다.

이렇게 어려운 읽기를 어떻게 하면 잘 할 수 있냐고 묻는다면 필자는 "글을 제대로 보라"는 원칙적인 답변을 할 것이다. 글을 제대로 보지 않으면 글쓴이의 의도를 곡해하는 등 자의적으로 해석하는 오류를 범하기 쉽기 때문이다. 제대로 읽는다는 건, 우선 꼼꼼하게 읽으라는 뜻이다. 잘 모르겠으면 두 번 세 번 반복해서 읽어보면 된다. 그렇게 하면 중심내용이 뭔지, 어떤 의도로 글을 쓴 건지 파악할 수 있을 테니까.

그러나 제한시간이 있다면 얘기가 달라진다. 전문가들은 지문을 꼼꼼히 읽는 게 불가능할 정도로 촉박한 상황을 대비하기 위해 골라 읽는 연습이 필요하다고 입을 모은다. 물론 여기서 가장 꼼꼼히 읽어야 할 건 문제다. 출제자의 의도를 파악해 중점적으로 살펴야 하는 부분부터 파악해야 하니 말이다. 이렇게 해야만 불필요한 부분을 읽는데 시간을 낭비하지 않을 수 있다. 분명 시험을 볼 때는 효과적인 방법이지만 부작용도 있다. 학교를 졸업한 지 한참 지난 후에도 모든 글을 시험문제처럼 대하는 부작용 말이다. 학창 시절 선생님의 수업을 지나치게 열심히 듣는 것도 독이 되는가 보다. 이렇게 '족집게 독해'가 고착화되면 곤란한 일이 벌어지곤 한다.

단어, 표현 하나 하나가 모여 하나의 글이 완성된다. 그러나 특정 단어 혹은 일부 표현을 놓고 그 글을 판단하려면 먼저 결정적인 표현, 핵심 단어가 맞는 지부터 확인해야 한다. 핵심 단어를 찾아내는데 성공했더라도 더 큰 문제가 남아있다. 글쓴이가 단어를 사전적 의미와는 조금 다르게 사용하거나 보다 효과적인 의미 전달을 위해 비유적 표현을 쓰는 경우다. 단어와 표현만 놓고 보면 하나같이 칭찬 일색인 것처럼 보이는 글이 사실은 비판적 논조를 띄는 경우도 있다. 교묘하게 비꼬는 경우다. '제대로 읽기'가 중요한 이유가 바로 여기에 있다.

제대로 읽는다는 건 결국, 문맥을 짚는다는 뜻이다. 그런데 글을 다 읽기에는 시간이 없는 사람들이 꽤 있는 것 같다. 특히 다양한 '의견'을 남길 수 있는 온라인 공간이 그러하다. 관심을 갖게 하는 제목이라면 우선 클릭한다. 그런데 쉽게 이해가게 해 줄 그림이나 도표 없이 죄다 줄글만 나열되어 있다면 끈기 있게 읽을 엄두를 내지 못하는 사람들이 많다. 이때 선택할 수 있는 방법은 두 가지다. 읽기를 포기하거나, 쭉 스크롤을 내리고 먼저 글을 읽은 사람들이 남긴 댓글에 집중하거나. 그렇다. 후자는 학창시절 족집게 선생님이 가르쳐 준 대로 '골라 읽기'신공을 발휘하는 것이다. 먼저 읽은 선배*(글을 읽은)*들이 다 보고 본인의 의견을 남겨주었으니 이를 토대로 본인의 의견을 남긴다. 한 줄로 저 긴 글을 요약해주니 먼저 달린 댓글은 이들에게 '요약노트'나 다름없다.

그러나 댓글에도 집단사고*(Groupthink, 의견을 획일화시키려는 비합리적인 사고방식)*의 위험이 존재한다. 먼저 댓글을 남긴 사람이 특정 표현에 집착해 글 자체를 잘못 해석할 가능성이 있다. 또, 단순히 예시를 위해 언급한 부분만 악의적으로 편집하는 경우도 있다. 실제로 '답정너'*(답은 정해져 있으니 너는 대답만 하면 돼)*식으로 본인의 주장을 위해 원문을 왜곡시키는 오류는 빈번하게 일어난다. 베이컨이 그렇게 글을 읽어서는 안된다고 당부했건만 이들은 논쟁하기 위해서, 반대하기 위해서 또는, 본인의 주장을 뒷받침하는 밑천으로 삼기 위해서 원문을 이용하는 것이다.

물론 어떻게 읽든, 어떤 의견을 남기든 그것은 읽는 사람의 자유다. 하지만 제대로 읽지 않고 호도된 사실*(글의 내용)*에 근거해 비난을 쏟아내는 것은 과연 누구의 잘못인가. 분명한 건 글쓴이의 잘못이라고 말할 수는 없다는 점이다.

1933년 노벨평화상을 수상한 영국의 경제학자 겸 정치인 노먼 에인절은 "사람의 행실을 이끄는 것은 사실이 아니라 사실에 대한 그 사람의 의견이며, 이 의견은 전적으로 틀릴 수 있다. 오직 토론만이 그것을 바로잡을 수 있다" 라고 말했다. 앞서 이야기했듯 의견을 남기는 것은 자유다. 그러나 잘못된 사실에서 비롯된 의견은 다른 게 아니라 '틀릴 수 있다.'비판의 자유는 누구에게나 있다. 단, 그것이 원색적인 비난, 틀린 비난이 아니라는 전제 하에.

지금 이 글을 읽고 있는 여러분은 어떤가. 생각하고 생활하기 위해 제대로 그리고 잘 읽고 있는가. 잠시 책을 덮고 자문해 볼 시간이다.

행복은 우울한 얼굴의 천사다

"행복은 우울한 얼굴의 천사다"*(아메데오 모딜리아니)*.

아메데오 모딜리아니는 이탈리아 출신의 화가였지만 주로 프랑스에서 활동했던 사람이다. 19세기 말엽 파리를 중심으로 인상파-후기 인상파 네트워크가 형성될 때 샤갈, 피카소, 브랑쿠시 등에게 영향을 받아 자신만의 작품 활동을 했던 인물이기도 하다. 그 역시도 다른 작가들이 그랬던 것처럼 몹시 가난하지만 열심히 작업을 하고 동료들과 교제를 해야만 생활을 유지할 수 있는 '복잡한 파리의 삶'을 살았다. 화려함과 초라함, 단순함과 복잡함 등, 극과 극으로 치닫는 상황 속에서 모든 게 스트레스였을 가능성이 높다.

고된 나날을 살아가는 모딜리아니에게 몇 안되는 낙이 있었다. 그 중 하나가 동료 작가들에게 자신의 그림이 담긴 엽서를 만들어 보내는 것이었다. 선천적으로 '종합병원'이었던 그에게 상당히 적극적인 소통 방식 중 하나이기도 했다. 자연이나 도시 풍경, 정물 같은 것들보다 인물을 그리는 것을 즐기는 모딜리아니였다. 사람들의 심리나 내면을 분석하는 것을 즐겼던 탓이다. 어느 날 그는 자기 친구에게 짤막한 문장으로 된 엽서를 보냈다.

"행복은 우울한 얼굴의 천사다."

행복은 정말 존재하는 것일까? 아니면 사람들이 행복하다고 믿는 상태가 있는 것일 뿐일까? 모든 상황은 사람들이 인식하기 나름이며, 우리가 직면하고 있는 현실은 모두가 '그렇다'고 합의한 결과라는 시각이 있다. 사회학자들은 이를 가리켜 '실재의 사회적 구성'*(Social Construction of Reality)*이라고 말한다. 우리가 살아가는 세상조차 있는 그대로의 진실이 아니라, 여러 사람이 이야기한 내용, 그리고 각자의 경험들이 얽히고 설켜서 객관적인 듯 주관적으로 만들어지는 공간이라는 것이다. 그런 관점에서 보면 행복과 불행은 이분법적인 개념이 아니다. 오히려 불행한 순간이 존재하기 때문에 행복을 인지할 수 있다. 불행과 행복은 개인의 경험에 근거한 상대적인 것이기 때문이다. 행복의 정도 역시 마찬가지다. '어제보다 오늘 더 행복해'라는 말처럼 '오늘의 행복'을 느끼기 위해서는 '어제'라는 비교 시점이 존재해야만 하는 것이다.

사람들의 감정을 가장 잘 살필 수 있는 공간 중 하나가 SNS다. 필자들이 조사분석기관 '다음소프트'와 함께 '빅데이터 마이닝'기법을 통해 30대 이상 직장인들의 하루를 살펴봤다. SNS 분석결과 하루 동안의 일상에서 행복하다는 느낌과 불행하다는 느낌은 함께 증가하고 감소하는, 매우 역설적인 모습이 포착됐다. 재미있는 점은 '커피'라고 다 같은 커피가 아니라는 사실이다.

아침 시간을 예로 들어보자. 콩나물시루 같은 버스, 지하철에 끼어서 출근하는 이들에게 '아침'은 매우 부정적인 감정을 환기하는 순간이다. 회사에 도착했을 때의 심적 부담과 번민을 이겨내지 못하기 때문이다. 이때, 사람들의 기분을 좋게 해 주는 아이템이 바로 '모닝커피'다. 전날의 잠이 채 가시지 않은 몸을 각성시키려면 모닝커피 사이즈가 조금 커야 한다.

그 다음은 사무실로 들어가 일을 시작하는 시간이다. 편안할 수만은 없는 상사들과의 대화, 복잡한 업무들이

어깨를 무겁게 한다. 그런데 점심 시간이 임박한 10시 50분부터 긍정지수가 눈에 띄게 상승한다. '조금 쉴 수 있다'는 기대감 때문이다. 꿀맛 같은 점심시간에는 마음 맞는 동료와 함께 마시는 '식후 커피'가 포함되어 있다. 비싸더라도 테이블 간의 간격이 넓고 맛이 보장되는 유명 커피전문점부터 사람들이 들어찬다. 커피 한 잔에 5000원 이상이지만 돈이 전혀 아깝지 않다. '커피 한잔의 여유'는 돈으로 환산할 수 없으니까. 점심시간이 눈 깜짝할 사이에 끝났다. 이제 부정 지수가 치솟을 일만 남은 것처럼 보인다. 오전 중에 여러 업무 상황을 점검한 상사의 불만, 잠깐 동안의 식사 시간에 들었던 복잡한 직장 내 이해관계 등이 머릿속을 가득 메우기 때문이다. 시간에 쫓기면서 업무에 매진한 직장인들에겐 브레이크 타임이 간절하다. 오후 3~4시쯤 그들은 한두 잔의 '분노 커피'를 마신다. 데이터 전문가 송길영 다음소프트 부사장은 이 분노 커피가 아침이나 점심 때 후식으로 마시는 커피보다 훨씬 싸다고 말한다. 우선 상사들이 자주 가는 탁 트인 곳의 브랜드 커피숍이 아니어야 한다. 후미지고 노출되지 않는 조건을 갖춘 곳에 '졸병들'이 모인다. 커피 그 자체보다는 서로의 결속력이 중요하니 커피 맛은 크게 중요하지 않다. 그래서 좀 더 저렴한 가격을 선호하는 것이기도 하고. 성토의 시간을 거쳐 다시 자리에 앉으면, 부정 지수가 다소 사그러든다. 그리고 긍정적인 생각이 상승세를 유지한다. 퇴근 시간과 저녁 이후의 행복함이 기다리고 있기 때문이다. 그렇게 하루를 마무리하고 잠이 들 때, 사람들은 제일 행복하다고 느낀다. 물론, 마음 한켠에는 아직 해소되지 않은 불안이 자리잡고 있다. '내일 일어나서 어떻게 하지'라는 생각을 완전히 떨쳐버릴 수 없다. 그러나 밤이 되면 내일로 걱정을 미루는 게 쉬워진다. '몰라, 어떻게든 되겠지'생각하며 잠드는 게 전혀 어색한 일은 아니지 않은가.

이처럼 긍정과 부정의 정서가 복잡하게 얽힌 사람들의 삶을 보면, 도대체 어디에 '행복'이 있는가 고민할 수밖에 없다. 그냥 사람들은 희비가 엇갈리는 삶을 살 뿐, 절대적으로 기쁘고 즐거운 상태가 오랫동안 유지될 것이라는 보장이 없는 것이다. 모딜리아니가 말한 것처럼, 행복과 우울함은 늘 유동적일 수밖에 없는, 양가적(Ambivalence)인 것이니까.

이 양가성을 교묘하게 꿰뚫은 말 한 마디가 있다. 정신과 의사 이나미의 지적이다. 그는 사람들에게 행복함을 종교적으로 설파하는 심리학자들에게 상당한 반감을 품고 있다. 그리고 20~30대 청춘들에게 이렇게 말한다.

"여러분, 행복이 무엇인지 묻지 말고, 불행에 대한

면역력을 키우세요. 그게 행복하게 살기 위한 지름길입니다."

이른바 '네거티브'*(Negative)* 접근이다. 어떤 순간이 불행을 초래하는 것인지 깨닫고, 그것이 발생하지 않게끔 노력하다 보면 간주관적*(間主觀的)*으로 자신이 행복을 인식할 수 있다는 이야기다. 그러고 보면 '미움 받을 용기'에 커다란 모티브를 준 독일 심리학자 아들러도 비슷한 입장인 듯하다. 행복도, 불행도 의지 나름이라는 것이다.

나이가 들어갈수록, 우리는 삶의 부정적인 단면과 긍정적인 단면이 야누스의 얼굴처럼 양면성을 갖고 있음을 깨닫게 된다. 찰나의 기쁨과 슬픔이 영원할 거라고 믿지는 말자. 잠깐 동안의 즐거움과 괴로움에 휘둘리기에는 더 노력하고 긴장해야 하는 순간이 많다. 어쩌면 행복함도, 우울함도 나름대로 삶을 살아가는 에너지라고 느끼고 더 깊게 생각하고, 마음을 단단히 다져야 할지도 모른다.

곁에 있어도 그대가 그리운 이유

물속에는

물만 있는 것이 아니다

하늘에는

그 하늘만 있는 것이 아니다

그리고 내 안에는

나만이 있는 것이 아니다

내 안에 있는 이여

내 안에서 나를 흔드는 이여

물처럼 하늘처럼 내 깊은 곳 흘러서

은밀한 내 꿈과 만나는 이여

그대가 곁에 있어도

나는 그대가 그립다

('그대가 곁에 있어도 나는 그대가 그립다' 류시화).

문명 사회 속에서 우리네 사랑은 서로 복잡하고도 모순적인 양상을 띄게 되었다. 시인 류시화는 그와 같은 역설을 '그대가 곁에 있어도 여전히 그립다'는 명쾌한 표현으로 정리한다. 그는 1980년 신춘문예를 통해 등단한 정통 문인이지만, 일반적인 시인들보다 훨씬 대중에게 가깝고 편안한 언어로 작품 활동을 하고 있다.

그 중에서도 류시화가 가장 관심 있게 작업하고 있는 주제는 바로 '사랑'이다. 특히 류시화는 문명 사회에서 본질적 의미가 왜곡되고, 여러 가지 역설을 지니는 사랑의 형태에 대해 이야기했다.

쉬운 예를 들어 보자. 모바일 메신저는 연인들이 서로 자주 소통할 수 있는 길을 열었지만, 오히려 전화 통화를 하지 않거나 만남을 통한 교감의 깊이를 줄이는 원인이 됐다. 심지어 카톡으로 이별을 선포하고는 스마트폰 속 사진을 정리하는 것으로 관계를 끝내는 경우도 있다. 기술의 발달이 사랑의 무게를 가볍게 만들어 버린 것이다. 쉽게 접근할 수 있는 만큼 어렵지 않고, 풍부한 만큼 희소하지 않다. IT는 사람들 사이의 사회적 거리는 좁혔을지언정, 심리적 거리는 더 강화시킨 것이 아닌가 싶다. 가까워지면서 동시에 멀어진 거리(*Distance*)의 역설이다.

사람과 사람 사이의 거리 (Distance)

이제 우리는 거리란 무엇인가에 대해 생각해 볼 필요가 있다. 눈에서 멀어지면 마음에서도 멀어진다는 이야기를 들어본 적 있을 것이다. 물리적 거리에 따라 심리적 거리도 변화한다는 뜻이다. 군대 간 남자친구와 헤어지고 유학 간 연인과 정리하고 심지어 출장 간 사이에 바람이 나는 경우는 주변에서 심심찮게 찾아볼 수 있다. 하나같이 장거리 연애가 힘들다고 입을 모은다. 사람과 사람 간의 물리적 거리가 멀어지면 심리적으로도 멀어진다는 데에는 이론의 여지가 없는 듯하다.

〈내일의 도시〉라는 저서로 유명한 도시계획학자 에드워드 홀은 사람과 사람 사이의 거리에 따른 인간관계의 영역을 네 가지 – 귓속말을 할 수 있을 정도인 친밀한 거리, 친구와 대화할 때 유지하는 개인적 거리, 업무 회의 또는 인터뷰처럼 공적인 만남에서 두는 사회적 거리, 무대 위 공연자와 객석 간의 거리인 공적 거리로 구분했다.

이 중에 연인간의 거리는 어디에 해당할까? 당연히 '상대방의 숨결이 닿을 정도'로 가까운 친밀한 거리*(46cm 미만)*에 속한다. 이렇게 나와 바짝 붙어 있어도 불편하지 않은, 그만큼 많은 것을 공유하던 연인이 머나먼 곳으로 떠나게 되면 '거리 체계'가 뒤섞이게 된다. 물리적 거리와 심리적 거리간의 간극이 커지면서 발생하게 되는 혼동이다.

앞서 언급했듯이 거리에는 물리적 거리뿐만 아니라 심리적 거리도 존재한다. 심리적 거리란 말 그대로 마음 간의 거리다. 늘 함께 다니는 친구들 중에서도 더욱 가깝게 느껴지는 친구를 떠올리면 이해하기 쉽다. 이해를 돕기 위해 물리적 거리와 심리적 거리를 분리해 설명했지만 사실 둘은 별개가 아니다.

한 공간에 여러 사람이 있는 상황을 생각해보자. 사전정보 없이도 누가 누구와 일행인지 친한 사이인지 쉽게 알 수 있다. 마주보고 선 자세, 간격을 보면 답이 나오니까. 심리적으로 가까우면 물리적으로도 가까워진다. 자연스러운 일이다. 그러나 반대로 '물리적으로 멀어지면 심리적으로 멀어진다'가 늘 참이라고는 단언하기 힘들다. 연관관계는 분명 존재하지만 인과관계가 분명치 않다. 멀어졌기 때문이 아니라 멀어졌다는 사실을 자꾸 되새기기 때문에 진짜*(심리적으로)* 멀어지는 건 아닐까 하는 질문을 던져볼 필요가 있다는 말이다. 故 김광석 씨가 부른 〈서른 즈음에〉를 되새기면서.

점점 더 멀어져 간다

머물러 있는 청춘인줄 알았는데

비어가는 내 가슴속엔

더 아무것도 찾을 수 없네

계절은 다시 돌아오지만

떠나간 내 사랑은 어디에

내가 떠나보낸 것도 아닌데

내가 떠나온 것도 아닌데

('서른 즈음에' 작사, 작곡 : 강승원)

〈서른 즈음에〉는 발표된 지 20년이 지난 지금까지도 수많은 사람들의 사랑을 받는 명곡이다. 특히 작품 속에서 유난히 눈에 띄는 가사가 있다. '점점 더 멀어져 간다'는 부분이다. 하루하루 나이를 먹기 때문에 청춘에서 멀어져 가는 것일 테지만, 반대로 하루하루 나이가 들어간다는 사실을 인지할 때마다 청춘의 마음에서 멀어지는 것을 느끼기도 한다. 시간이 흐르고 물리적 거리가 멀어졌기 때문이 아니라 먼저 마음이 멀어진다는 것. 장거리 연애가 힘든 진짜 이유는 공간의 문제 자체가 아니라, '멀어졌다'는 사실을 되새기면서 심리적 거리가 확장되었음을 자꾸만 확인하기 때문이 아닐까 싶다.

심리적 거리를 극복하는 방법

어떤 관계에서나 '거리'는 생겨날 수 있다. 사람들은 왜 그런 일이 벌어졌는지 굳이 묻지 말라고 한다. 그러나 서로 따뜻했던 사람들끼리 거리감이 느껴지는 원인을 따져보는 일이 전혀 의미가 없는 건 아니다. 오히려 우리들 사이에 존재하는 문제들을 해결하는 실마리가 될지도 모른다. 결국 제일 중요한 것은 상대방이 외로워하도록 내버려두지 않는 일이다. 전문가들은 스마트미디어가 발달하고 모바일 SNS가 확산되면서 연인들 간의 소통이 활발해 질 것이라고 예상했다. 그 예상은 반만 맞았다. 절대적인 횟수는 늘어났을지 몰라도 깊이 있는 소통은 점점 줄어드는 것으로 확인됐기 때문이다. 우선 대면하는 의사소통이나 전화통화 등의 비중이 감소했다. 직접 만나는 것보다 더 친근하게 느껴지고 내 감정을 다양하게 표현할 수 있는 이모티콘, 문자 기반의 대화에 기대는 연인이 늘어난 것이다. 기술의 발전으로 상대방의 목소리만 듣는 게 아니라 얼굴까지 확인할 수 있는 무료 영상 통화 서비스가 대중화되었음에도 불구하고 '심리적으로 점점 더 멀어져 가는'상황은 크게 개선되지 않았다고 한다.

연애란 결국 신뢰를 기반으로 한 것이다. 서로의 관계가 언제까지 계속되리라는 예측 가능성, 안정성 같은 것 말이다. 그리고 상대방과 함께하면서 스스로의 영혼이 건강해 질 수 있는 방법을 찾아야만 한다. 송강 정철의 '사미인곡'에서처럼 산을 바라보면서, 달을 쳐다보면서도 님을 생각할 만큼의 간절함이나 강한 '믿음'이 있을 때 '롱디'*(Long Distance)*의 심리적 거리를 극복할 수 있다고 하면 너무 구태의연한 생각일까.

언어는
사고를
지배하는가

"말을 조심하라. 습관이 된다"*(마가렛 대처)*.

영국의 전 총리 마가렛 대처는 극단적인 금욕주의자로 알려져 있다. 그는 생각과 말을 조심해야 한다고 일평생 주장했다. 자신의 행동과 사람됨을 결정짓는 변수가 생각과 말이라고 보았기 때문이다. 그녀가 유지해 왔던 '철의 여인' 이미지는 자신의 원칙과 신념에 충실한 정치인의 삶을 그대로 보여 주는 듯 했다.

오래 전 대처와 같이 영국에서 활동했던 소설가 조지 오웰은 언어가 생각을 형성하는 기능까지 갖고 있다고 봤다. 그의 작품 〈1984〉를 보면 이런 구절이 나온다.

"새로운 어휘의 목적이 사고의 폭을 좁히려는 데 있다는 걸 자넨 모르겠나? 결국에 가서는 사상죄도 문자 그대로 불가능하게 해놓자는 걸세. 왜냐하면 그걸 나타낼 말이 없으니까 말이야. 필요한 모든 개념은 정확하게 단 한 마디로 표현될 거고, 그 의미는 정밀하게 뜻을 나타내고 다른 보조적 의미는 지워져 잊게 될 테니까 말이야… 해가 갈수록 낱말은 자꾸 그 수가 줄고 그러면서 의식의 범위도 계속 좁아지는 거지. 지금도 물론 사상죄를 범하는 데 이유나 구실은 붙일 수 없어."

말이 정말 우리의 사고를 지배하는 것일까? 요즘 TV를 보면 '맛 깡패', '답정너'같은 말이 자주 등장한다. '정말 맛있다', '답은 정해졌으니 너는 대답만 하면 돼'라는 뜻이다. 이른바 젊은이들의 시선에 맞춘 약어(*略語*)다. 신조어도 등장했다. '급빵끗'이라는 말은 무한도전의 출연자 중 하나인 개그맨 박명수가 호통을 치다가 갑자기 웃을 때 짓는 표정을 가리키는 말이다. 한때는 방송 용어였지만 지금은 온라인이나 일상생활에서 자주 쓰이는 표현이다.

말을 줄이고, 새로 만들면 우리의 생각도 정말 축약되고, 새로 구성되는 것일까? 언어학자들은 이 논쟁을 고대 6세기부터 시작했다고 한다. 20세기 초에 접어들어서는 서구 국가들이 전 세계의 식민지 언어를 연구하면서 그들 간의 문화 차이와 행동 차이가 언어로부터 비롯된 게 아닌지 고민하기 시작했다. 대표적인 학자가 '언어결정론'의 대표주자 워프다.

그는 사람의 사고체계는 절대적으로 언어의 영향을 받게 되어 있다고 주장하고, 여러 민족의 언어 사례를 들기도 했다. 예를 들어 이누이트 족의 언어에는 '눈'*(Snow)*을 표현하는 단어가 400개나 있다. 다시 말해 한 가지 상황을 두고도 여러 가지 각도로 표현할 수 있는 감성이 이누이트 족에게 있다는 추론이 가능하다*(그가 근거로 들었던 이누이트 어는 훗날 거짓인 것으로 밝혀졌다)*.

그렇게 따지면 조지 오웰이 우려했던 '신어'*(Newspeak)*는 우리의 생각을 몇 가지 경우의 수로 가둘 만큼 파괴적인 위력을 가진 듯하다. 그가 가장 무서워했던 것은 나치나 파시스트 같이 사람들을 획일화시키는 국가, 공동체의 사상 통제였다. 가장 본질적인 통제는 사람들이 사고하지 못하게 하는 것이다. 오웰은 그 무기가 언어 또는 표현일 것이라 생각하고 미디어*(Media)*마저도 장악 당하는 상황이 올 것이라고 경고하기까지 했다. 물론 훗날 미디어 아티스트 백남준은 자신의 작품을 통해 오웰의 주장이 터무니없었다고 비웃기도 했지만.

사실 언어가 우리의 생각과 행동을 규정한다는 것은 일부 맞다. 인간의 심리와 경제행위 간의 연관성을 연구하는 행동경제학의 논의들이 그를 대변한다. 경제학자 키스 첸*(Keith Chen)*과 그의 동료들이 연구한 바에 따르면 영어처럼 시제 변화가 민감한 언어와 중국어처럼 시제가 없는 언어 그리고 특정 대상을 세분화시켜 표현하는 언어와 그렇지 않은 언어는 습관의 차이에도 영향을 미친다고 한다. 특히 미래와 현재가 구분되지 않는 언어를 구사하는 사람들은 다가올 시간과 지금을 동등하게 생각하는 경향이 있다. 그래서 저축도 더 하고, 다이어트에도 열심이며, 성관계에서 피임을 하거나 금연을 할 가능성이 더욱 높다. 중국어의 시제를 구분하지 않는 구조가 미래와 현재를 똑같은 관점으로 바라보는 사고와 행동에도 영향을 미쳤다는 논리다. 이쯤 되면 워프와 오웰의 '언어 결정론'은 어느 정도 타당한 주장이라 볼 수 있겠다.

그러나 '바이링구얼'*(Bilingual)*, 즉 이중 언어 사용자들은 사고가 언어 자체보다는 주로 어떤 사람과 관계를 맺었느냐에 따라 달라진다는 주장을 한다. 인류학자들이 영국이나 미국으로 이민 간 중동, 아시아계 2,3세들을 인터뷰한 결과에 따르면 그들이 영어 표현에는 부모 세대보다 능숙하지만 때때로 앵글로색슨이나 이탈리안과 같은 서구인들에 대한 반감은 더 하다고 말한다.

예를 들면 어린 시절 학교에서 받았던 차별이나 따돌림 같은 경험은 자신이 영어권에서 살고 있음에도 불구하고 그들을 미워하기에 충분한 조건이다. 한편, 좋은 친구를 사귀거나 훌륭한 선생님을 만났을 경우에는 오히려 동화되기도 한다. 간간이 어른들 중에 일제 시절 학교생활을 좋은 추억으로 갖는 사람들이 있다. 역사나 문화 자체가 압제의 이야기였다 할지라도 그들이 상대방과 어떤 관계를 가졌느냐에 따라 얼마든지 관점과 행동이 다를 수 있음을 보여주는 사례다.

지난 2015년 어느 창업주 가족의 대화가 장안의 화제가 됐다. 롯데 신격호 창업 회장과 그 장남 신동주 전 롯데홀딩스 부회장이 신동빈 회장을 주제로 나눈 이야기가 녹음되어 언론에 공개된 것. 그들은 일본어로 대화를 했다. 그리고 서로를 '아키오'또는 '히로유키'라며 일본어명으로 불렀다. 방송을 통해 둘 간의 대화를 들은 사람들 중 상당수는 분노했다. "롯데 가족은 일본인이었다는 말인가? 역시 친일 기업이었어"라며 한국에서 매출을 올리고 있는 재계 5위의 기업이 일본적인 정체성을 가진 집단이라는 사실에 치를 떨었다.

SNS 데이터로 창업주 가족에 대한 사람들의 시선을

분석해 봤다. ‘분통터지다’, ‘친일기업’이라는 극단적인 표현이 등장했다. 특히 장남인 신동주 전 부회장이 일본어로 인터뷰한 것에 대해서 조소의 시선을 보내는 사람도 많았다. 많은 사람들이 ‘언어 결정론’을 믿고 있는 셈이다. 그게 사실인가와 관계없이.

만약 그들이 영어로 이야기했다면, 그토록 대중들이 분노했을까? 아니었을지도 모른다. 우리가 생각하는 영어와 일본어, 그리고 서구인과 일본인의 전형이 다르니까. 정말로 언어는 우리의 사고를 지배하는가. 혹시 당신이 믿는 ‘언어결정론’은 특정 언어에만 제한적으로 적용되는 건 아닌가. 다시 한 번 생각해 볼 일이다.

나쁜 남자에겐 나쁜 여자가 필요하다

"거룩한 것을 개에게 주지 말며 진주를 돼지에게 던지지 말라"*(마태복음 7:6)*.

과거 중근동에서는 가장 나쁜 존재들을 비유할 때 개나 돼지와 관련된 표현을 자주 사용했다. 예수의 복음 전도 활동에서부터 죽음에 이르기까지 일대기적인 내용을 다룬 마태복음서에는 인간관계와 관련된 재미있는 명언들도 다수 등장한다. 그 중 하나가 "거룩한 것을 개에게 주지 말며 진주를 돼지에게 던지지 말라"는 표현이다. 호의도 정도껏 알맞은 사람에게 베풀고, 지나치게 좋은 사람이 되려고 노력하지도 말라는 것이다.

나쁜 남자 이야기 한 가지를 해 보겠다. 영국의 유명 광고회사 경영자이자 갤러리 오너*(owner)*인 찰스 사치*(Charles Saatchi)*는 최근 부인 폭행으로 유명해졌다. 17살 어린 아내이자 역시 유명한 쿡방 진행자인 니겔라 로슨*(Nigella Lawson)*의 목을 조르는 사진이 파파라치들에게 찍힌 것이다.

이들은 원래 잉꼬부부로 유명했다. 게다가 사치는 '영 브리티쉬 아티스트'*(Young British Artists)*들을 발굴해 키울 만큼 마음씨 넓고 안목이 있는 미술 투자자로 알려져 있었다. 그런데 그가 실은 집에서 '마누라를 패는'남편이었던 것이다. 민낯이 드러나자 사치는 진짜 막장 남편의 면모를 한 번 더 유감없이 발휘한다. 별거 상태에 들어간 로슨에게 한마디 상의도 없이 신문 기사를 통해 이혼을 통보한 것이다. 영국의 언론들은 사치의 잔인함에 혀를 차기도 했지만 남편이 최악이 되기까지 무방비 상태였던 '너무 순한 와이프'도 문제라고 지적했다. 나쁜 남자가 최악의 남자가 될 때까지 질질 끌려 다닌 로슨의 우유부단함에 대해 연민과 조소를 함께 보낸 셈이다.

나쁘지만 최악으로 치닿지는 않은, 즉 최소한의 책임감은 있는 남자도 있다. 네트워크 이론으로 유명한 미국의 사회학자인 로날드 버트*(Ronald Burt)* 시카고 대학교 교수는 심한 여성 편력으로도 이름을 떨쳤다. 그는 여러 번 이혼

한 것으로 알려져있는데 '전 부인들에게 위자료를 지급하기 위해'책을 쓴다고 한다. 버트가 자신의 저서에서 제시한 '구조적 공백'*(다른 사람들이 잘 모르는 사람을 많이 알고 있는 연결망 상의 이점)*은 사회학이나 조직을 연구하는 대부분의 사람들이 주지하고 있는 개념이다. 그런데 이런 대작이 버트의 화려한 '이혼'경력을 수습하기 위한 방편에서 나왔단다. 버트의 전 부인들은 위자료 조로 지급하는 인세로 헤어짐의 아픔을 상기하면서 동시에 위안받는 웃지 못할 상황이란다. 여러 모로 '나쁜 남자'들이 '착한 여자'들의 삶에 입히는 상처는 치명적이다. 그리고 그 흉터는 평생을 따라다닌다.

'너무나 착해서' 당신은 피해자 일 수 밖에 없다

연애하는 사람들 사이에도 갑을 관계가 존재한다. 갑*(甲)*들은 을*(乙)*들이 얼마나 자기를 위해주고 사랑해 주는지 잘 안다. 그리고 자신들이 때때로 상대방을 심하게 대할 때도 있다는 사실을 인정한다. 그럼에도 불구하고 연애 갑질은 계속된다. 열심히 노력하지 않았어도 이미 그 또는 그녀의 마음을 가졌다고 확신하기 때문이다. 일방적으로 당하기만 하는 연애 을들은 순진한 피해자로 비춰진다. 사랑이란 이름으로 모든 것을 감내하는, 아무런 욕심이 없는 사람으로. 그래서 당신은 깜짝 놀랄 것이다. 사실은 '을'이 '갑'에 뒤지지 않는, 아니 갑보다 더한 욕심쟁이라는 걸 알게 된다면 말이다. 나쁜 사람이 되고 싶지 않다는 소망, 착해 보이려는 욕구가 너무 강하기 때문에 을은 스스로 협상력을 잃은 상태인 것이다.

'이렇게 하면 내가 나쁜 사람처럼 보이지 않을까' 하는 불안감이 관계의 '터닝 포인트'를 놓치는 원인이 된다. '을'이 용기 내어 불만을 토로한다고 해도 상황은 쉽게 달라지지 않는다. 자기 스스로 '갑'이라고 생각하는 사람들은 상대방의 부정적인 표현을 대수롭지 않게 여긴다. 니가 정 그렇다면 헤어지자'는 식으로 상대방을 끊임없이 궁지로 몬다. 영원히 을(乙)은 '예스'를 반복해야 유지될 수 있는 관계. 불평등의 연속이다.

지난 2015년 8월 25일 발표된 남북 고위급 접촉 합의문도 비슷한 평가를 받는다. 자칫하다간 정권 4년 차에 위기가 올지 모른다고 느껴 협상 테이블에 진득이 앉아 있었던 게 북측의 진심이다. 그러나 그들 특유의 '나쁜 남자'습관은 어디 가지 않았다. 목함지뢰 폭발 사건에 대해서는 겨우 유감 표명에 그친 한편, 우리 측의 5.24 조치 해제와 금강산 관광 재개 요구 이슈까지 뭉게뭉게 피어올랐다고 한다. 결국 우리네 입장에서는 북한이 당분간 무력도발을 않겠다고 약속하고 이산가족 상봉 명단을 교환하기로 한 수준에 만족

해야 했다는 냉정한 평가도 있다. "나쁜 남자에게 이 정도로 얻어터지는 주제에 어디 일본에 가서 사과를 요구하고 신사참배 중지를 촉구하냐"고 많은 전문가들은 말한다. 특히, 유감 표명 운운은 일본 지도자들이 적절한 사죄 수위로 고민하다 냅다 질러 버릇하던 레퍼토리 아닌가. 거기에다가는 분통을 터뜨리면서 북한에서는 합의문을 냈으니 만족하는 모습이 모순적이라는 비판이 가능할 법하다.

협상 망치는 나쁜 남자 다루는 비법

나쁜 남자들을 다루는 법은 단순하다. 나쁜 여자가 되는 것이다. 일단 상대방의 표준을 이해하고 그 근거에 맞게 대응해 주는 게 좋다. '네가 그렇게 말했잖아'전략이다. 뻔뻔한 나쁜 남자들에게는 똑똑해 보이는 것 이상의 전략이 없다. 상대방의 프레임을 활용해 그를 무안하게 만드는 한편, 당신의 태도가 변한 원인이 무엇인지 계속 궁금하게 만들어야 한다. 뻔뻔한 남자들은 자신의 연인을 쉽게 누그러트릴 수 있다고 생각한다. 그러나 그 판단이 깨지는 상황이 벌어진다면, 그들은 몹시 당황할 것이다.

그 다음은 '손실 회피'*(Loss Aversion)* 프레임이다. 행동경제학의 선구자이자 노벨 경제학상 수상자인 다니엘 카네만(Daniel Kahneman)은 인간이 1 달러의 이득에 감사하기보다 1달러의 손실에 더 가슴 아파 하는 경향이 있다고 말한다. 상실감을 강조하거나, "있을 때 잘하라"며 최후통첩을 날리는 케이스다. 임시 방편으로는 꽤 쓸모 있지만 근본적인 해결책은 아니다.

우회적인 이득이 아니라 본질적인 '그녀만의 매력'을 잃을까 어쩔 줄 모르게 해야 한다. 나쁜 남자 다루기 전략의 완성은 '자원 의존'(Resource Dependence) 프레임이다. 협상과 조직정치론의 전문가인 제프리 페퍼(Jefferey Pfeffer) 교수는 모든 관계는 매력적인 자원을 누가 갖고 있느냐, 그리고 그를 바탕으로 한 힘을 어떻게 행사하느냐로 귀결된다고 했다. 매력을 느끼면 소중하다고 여기게 되고 소중하면 의존하게 된다. 상대방이 그 관계로부터 벗어나 독립성을 얻을 성 싶으면 또 다른 카드를 던져 현실에 머무르게 만드는 게 자원 의존 전략의 핵심이다. 뻔한 결론이다. 남자는 여자 하기 나름이고 여자도 남자하기 나름이다. 비즈니스든, 외교든 상대방이 너무 막가파식으로 가지 않게 하기 위해 전략이 필요하다. 더 이상 나쁜 남자가 판을 깨지 못하게 하자. 가끔은 건전한 긴장감을 갖도록 유도하자. '내겐 너무 소중한 그녀'가 되려면, 그 남자뿐만 아니라 그 여자의 노력도 필요하다.

치열한
현실주의자가
치열한
이상주의자다

"현실을 직시하는 마음에 진정한 이상*(理想)*이 생긴다"

(괴테).

▶아비뇽의 매음굴
<파블로 피카소 _1907년 작>

다섯 명의 여인이 한 폭의 그림에 담겨 있다. 작가는 제목을 통해 작품 속의 여인들이 매춘부라는 것을 이야기했

다. 20세기를 대표하는 파블로 피카소의 1907년 작 '아비뇽의 처녀들'*(원제:아비뇽의 매음굴)*은 정면을 바라본 얼굴에 측면에서 바라본 코를 그려 넣는 등 등장인물들을 왜곡된 모습으로 표현한 작품이다.

한 미술학자는 작가가 홍등가를 찾곤 했다는 점에 비추어 매독 같은 성병에 대한 두려움을 나타낸 것이라고 해석했다. 다른 미술학자는 미술의 새로운 지평을 연 것으로 보았다. 자연을 그대로 옮겨 담는 단계에서 회화의 형식적 특성이 가지고 있는 잠재력을 실현시키는 것으로 발전했다는 설명이다. 전자는 화가 개인의 경험에 중점을 둔 전기적 분석이고 후자는 미술의 단계적인 발전에 초점을 둔 형식적 분석이다. 이처럼 같은 작품을 감상하더라도 해석은 얼마든지 달라질 수 있다. 관람객의 수만큼 다양한 시선이 존재하는 건 당연한 일이다.

미술작품을 '맨 눈'으로 바라보는 것은 되레 어떤 해석도 할 수 없게 만드는 일이다. '맨 눈'으로 바라본 '아비뇽의 처녀들'은 조금 과장을 보태면 '정신이 온전치 않은 어린아이가 그린 그림'정도로 치부될 수도 있다는 말이다. 그리고 어떠한 감흥도 느끼지 못할 것이다. "얼굴이 있으니 사람인 건 분명한데 거 참 이상하게 생겼네"라는 정도의 감상평만 남긴 채. 그래서 작품을 나만의 방식으로 해석하더라도 그 토대가 되어줄 '시선'이 필요하다. 미술사에는 형식주의, 도상학, 기호학, 페미니즘, 사회주의, 정신분석학 등 여러 가지 시선 즉, 다양한 방법론이 존재한다. 그러나 하나의 방법론은 다른 방법론과 배치되는 속성을 가진다. 성적 불평등에 주목한 페미니즘 분석과 사회 계급 간의 불평등에 관심을 기울인 사회주의적인 분석은 비슷하면서도 분명 다른 점이 있을 수밖에 없다.

직장을 바라보는 당신의 '시선'은

통계청이 발표한 '청년층 및 고령층 부가조사'에 따르면, 생애 첫 직장을 가지기까지 평균 11개월이 걸린다고 한다. 취업 준비에만 1년을 쏟는 것이다. 그런데 더 놀라운 점은 그렇게 어렵게 들어간 직장에서 나오기까지 걸리는 기간이 단 18개월에 지나지 않는다는 것이다. 그토록 간절하게 바랐던 첫 직장을 그리도 빨리 나오는 이유는 무엇일까.

계약직으로 입사해 어쩔 수 없이 그만두는 경우를 제외하고 자발적으로 사직서를 던지는 가장 큰 이유는 근로조건의 불만족이다. 근로조건에는 임금, 복지제도 등 정량적 조건뿐 아니라 인간관계, 미래에 대한 비전처럼 정성적 조건도 포함된다. '이렇게는 못 살겠다, 내가 꿈꿔온 직장이 아니다'며 사표를 내던진 이들은 더 가슴 뛰는 삶을 살기 위해 과감한 결단을 내린 셈이다. 그들의 용기가 부러운가? 자유로워 보이는가? 그러나 한번 냉정하게 생각해보자. 고작 18개월 일한 경험이 경력으로 인정될 수 있는가를.

서른, 첫 직장에서 막 시작한 나이

남자는 군대 때문에 필히 휴학이 필요하고, 여자 역시 이런 저런 이유로 한번쯤은 휴학을 경험한다. 취업이 바늘구멍 통과하기나 다름없다 보니 서른살에 이제 막 사회생활을 시작한 초년병이 대다수다. 사회생활이 서투른 사람에게는 하루 하루가 고난의 연속일 수밖에 없다. 일을 못해서 힘들고 내가 이렇게 쓸모없는 인간이었나 싶어서 괴롭고 급기야는 내게 맞지 않는 일 아닌가 하는 의문까지 든다. 오랜 준비기간 동안 꿈꿔온 직장인의 모습은 지금보다 훨씬 돈을 많이 벌고 일도 척척 해내는 '회사의 에이스'에 가까웠을 테니 말이다. 이상과 현실의 간극이 커질수록 우리는 스스로에게 결단을 종용한다. 이상을 선택할 것인가, 현실을 선택할 것인가 양자택일을 강요받는다.

페스팅거*(Leon Festinger)* 교수는 이상과 현실간의 괴리를 느끼는 사람은 분노, 불편함, 슬픔, 절망과 같은 감정적인지부조화(*Cognitive Dissonance Theory*)를 겪게 된다고 설명했다. 그리고 이를 해소하기 위해 결단을 하는 것이 자연스러운 현상임을 강조했다. 예를 들어 현재의 자신을 견디지 못하고 밖에서 기회를 찾고 싶어하는 사람이 있다 치자. 만약 그가 결심을 유지한 채 사직서를 제출했다면 '이상'을 택했다고 볼 수 있다. 그와 반대로 '조금 지나면 괜찮아 질 거야'라고 스스로를 다독이며 잔류를 선택했다 치자. 그때, 그는 현실에 충실하기로 마음먹은 셈이다. 물론 어떤 결정이 옳다고 과단할 수는 없다. 같은 작품을 보고도 어디에 초점을 맞췄느냐에 따라 해석이 엇갈리듯, 인생의 선택에 있어서도 여러가지 관점을 적용할 수 있다.

어떤 사람들은 특별한 판단 기준 없이 직관으로 의사결정을 내리기도 한다. 그들은 특정 사안에 대해 제대로 판단하고 검토할 시간을 충분히 갖지 않는다. 그러다 보면 문제에 대한 기본 전제도 존재하지 않는 상태에서 선불리 접근하는 꼴이 되기도 한다. 그래서 불확실성이 점점 커지는 것이다.

사람은 어떤 일에서든 의미를 찾으려고 노력하는 존재다. 애초에 하나마나 한 일이라고 생각한다면 열심히 할 이유가 있을 리 없다. 말 그대로 안 해도 그만인 일이니까. 힘겹게 들어간 직장에서 의미 없는 일만 반복하는 것 같은

'나'를 발견하게 되면, '나는 지금 나답게 살고 있는 가'라고 근본적인 의문을 제기하는 것이 당연하다. 그러나 과연 내 삶의 기쁨이 되는 일을 찾겠다는 일념으로 현실을 변화시키려는 것일까? 꼭 극단적인 선택을 해야만 하는 건 아니다. 지금 필요한 건 삶의 전략적 타협점을 만들 용기일지 모른다. 무모한 용기는 용기의 탈을 쓴 탈출 욕구일 뿐이다. 지금 내 모습이 맘에 들지 않아서 그냥 도망가고 싶은 건 아닌지 진지한 자기 성찰이 먼저다.

불금의 사회학

"술값은 외상으로 달아도 인생은 외상으로 살 수가 없어"*(문병란 연작시집 '금요일의 노래' 중 외상).*

문병란 시인은 투철한 시대정신을 기반으로 한 자유와 민주에 대한 갈망을 노래하고 일상 속에 지친 현대인의 고단함과 관련된 작품도 두루 발표한 사람이다. 그는 영웅이 아니라 보통 사람들의 삶에 관심을 가졌다. 자기 자신의 족보를 회고하며, "할아버지는 조선 말기의 선비 최익현의 도끼를 간직했고, 아버지는 독립지사적인 정신을 가졌지만 개띠 해에 태어난 자신은 그저 짖는 재주밖에 없다"는 이야기를 남겼다. 그는 겸손해할 줄 아는 사람이었다. 그래서 평범한 사람들의 삶에 더욱 관심을 가졌는지도 모르겠다.

일반적으로 금요일은 한 주의 고단함을 마무리하고 주말을 맞는 날이다. 그런데 종교적 차원에서 금요일을 살펴보면 전혀 다른 느낌이 든다. 금요일은 성경 속 예수 그리스도가 십자가에 의해 처형된 후 사흘 만에 일요일에 부활했다는 믿음에 따라 만들어진 종교 문화적 시간이기 때문이다. 예수는 목요일에 제자들과 함께 최후의 만찬을 나누고 그들 모두의 발을 씻겨주고 사랑을 전한다. 그리고 겟세마네 동산으로 올라가 기도하다가 그를 배신한 옛 제자 유다와 로마 군대에 의해 끌려가 죽음을 맞이할 운명에 처한다. 현대를 사는 우리는 '불금'을 즐기지만, 그 기원 자체는 매우 섬뜩한 이야기였던 셈이다.

금요일과 관련된 또 다른 이야기가 생각난다. 바로 세월호 유가족들의 가슴 아픈 사연이다. 지난 봄 세월호 유가족들의 육성기록을 담은 '금요일에는 돌아오렴'이라는 제목의 북 콘서트가 열렸다. 어린 시절 학교에서 집으로 돌아가면, 어머니께서 따뜻한 저녁을 차려주신 기억은 누구나 갖고 있을 것이다. 그런 따뜻함을 더 이상 갖을 수 없는 아이들에 대한 슬픔과 안타까움이 농축된 '금요일'이다. 이 금요일은 이태원이나 강남에서 먹고 마시며 흥겹게 보낼 수 없는 처절한 시간이다. 이처럼 금요일은 다양한 감정을 환기시키는 날이다. 문병란 시인에게 금요일은 어떤 의미가 있었을까. 그의 금요일에는 약간의 외로움과 헛헛함이 녹아있다. 그의 시를 곱씹어보자.

> 술값은 외상으로 달아도
>
> 인생은 외상으로 살 수가 없어
>
> 오늘도 그대 떠나는 님을 붙잡지 못한다
>
> 망설이며 뒤돌아보지 마라
>
> 세월은 돈으로 살 수가 없어 행복도 사랑도 잠깐
>
> 손 저으며 저만치 떠나는 그대

금요일에 먹는 술은 특별하다. 그게 외상술이라 할지라도. 쉬어도 된다는 쾌감, 그리고 여러 가지 일들을 겪어야 하는 직장에서 다소 거리를 둘 수 있다는 해방감 때문이다. 그러나 그보다 더 큰 원인은 자신의 일상을 벗어나 굳이 어떤 대가를 교환하지 않아도 서로 가치를 나눌 수 있는 '사람들'이 있기 때문일 것이다.

금요일은 이성의 신 아폴론의 영향을 받아 주중을 살았던 사람들이 쾌락의 신 디오니소스를 만나는 순간이다. 그들은 일상의 굴레를 벗어 던진다. 그리고 가장 자신에게 솔직할 수 있는 그 누군가를 찾아 헤맨다. 그 때문인지 명동, 이태원, 강남역 등 금요일이 되면 불야성을 이루는 전통적인 상권과 경리단 길, 서래마을, 합정역처럼 새로 등장한 신흥 상권들이 사람으로 넘쳐난다. 이제 서울은 다양한 즐거움을 찾아다니는 사람들의 '새로운 코드'를 발견할 수 있는 공간이다. 불금 지도를 그려보면 그곳을 찾는 사람들의 복잡한 욕망을 금세 찾아낼 수 있다. 가로수 길은 밥도 먹고 옷도 사고 싶어서, 이태원은 즐겁게 음악도 듣고 맥주도 한잔하고 싶어서 간다. 휴일은 쳇바퀴 같은 일상을 살아가는 현대인에게 최대의 복지이자 권리다. 그렇기에 금요일을 가장 효과적으로 소비할 수 있는 수단을 알려주는 사람은 돈을 벌든 아니면, 자신의 회원을 만들든 대중들을 최대한 자기편으로 많이 끌어들일 수 있을 것이다.

시간은 외상으로 살 수 없다

젊은이들만의 19금 용어 중에 '현자 타임'이라는 표현이 있다. 남녀가 격렬하게 사랑을 나눈 후 느끼는 공허한 순간을 말한다. 금요일 저녁 열심히 놀았던 청춘들에게도 그와 같은 '현자 타임'이 찾아온다. 갑작스럽게 만난 이성과 '원나잇 스탠드'*(One Night Stand)*를 즐겼는가의 여부와는 별개의 문제다. 토요일 새벽 네 시, 불금의 흔적이 지나간 거리에는 온갖 쓰레기와 전단지들이 어지럽게 널부러져 있다. 그 순간에야 귀가하는 사람들은 피곤함과 함께 모종의 허전함을 느낀다. 모자란 잠을 자느라 날려 버리게 될 토요일, 그 다음 날 출근할 것을 걱정하며 불안하게 쉬게 될 일요일을 예측하면서 말이다. 금요일 저녁 동안 숱하게 끌어 쓴 에너지와 돈은 모두 일종의 '외상'이다. 그 다음에 지불해야만 하는 의무가 발생하기 때문이다. 그게 피곤이든, 한 치 앞도 알 수 없는 미래에서 비롯된 불안감이든.

시간은 돈이다. 어렸을 적 어른들이 하던 말씀이다. 시간이 얼마나 소중하면 화폐효용으로 시간을 따졌을까. '이런 시급'이라는 모바일 앱 광고가 화제가 되기도 했다. 아르바이트로 고단하게 살아가는 젊은이들에게 제대로 된 시간 수당을 지급할 수 없는 현실을 풍자한 것이다.

시간의 절절하고 안타까운 의미를 달리 표현할 길이 없어, 결국에는 돈으로 그 가치를 대리변수화해 보여주어야 하는 게 오늘의 상황이다. 그러나 시간은 외상으로 살 수가 없다. 당신의 공허한 삶을 '불금'처럼 격렬한 순간으로 채우려는 노력은 결코 유익하지 않다. 또 다른 허무함이 기다리고 있을 뿐이다. 당신이 외롭기 때문에 더욱 격렬하게 금요일을 보내고 싶어하는 건 아닌지, 곰곰이 생각해 본 적은 있었는가.

당신의 비밀이 궁금한 이유

"아무 것도 숨기려 하지 말라. 아주 하찮은 작은 것이라도 모두 드러난다. 숨긴 것은 어느 시기에 가서든 다 드러나고 만다"*(공자)*.

"이거 비밀인데, 너만 알고 있어."비밀은 이런 식으로 공유된다. 해당 비밀의 파급력이 클수록 비밀을 아는 그룹에게는 일종의 권력이 생긴다. 접근이 어려운 정보일수록 가치가 크다. 그래서 우리는 비밀에 집착한다. 비밀이 곧, 힘이기 때문이다. 좀 더 와 닿는 설명을 위해 이제 비밀의 몇 가지 역할을 살펴보도록 하자.

첫 번째, 상대방이 뒤통수를 치지 못하게 하는 담보다. 100% 믿을 수 있는 사람이 존재할 수 있을까 싶을 정도로 팍팍한 세상이다. 천륜(天倫)이라고 이야기하는 부모-자식 간에도 이익을 위해서라면 서슴없이 배신하는 이들이 적지 않다. 상황이 이러하니 남을 믿는 사람은 착한 게 아니라 우둔(愚鈍) 한 것으로 표현된다. 존 마이어 스탠포드대 사회학과 교수는 신뢰를 '자발적 취약성'이라고 이야기했다. 마이어 교수에 따르면 신뢰란 어떤 사람에게 자신의 약점을 기꺼이 드러내는 행동으로 해석할 수 있다. 이런 무방비 상태에서 기습을 당하면 결과는 뻔하다. 그래서 우리는 스스로를 보호하기 위해 상대방의 비밀을 알고 싶어한다. 타인이 나의 약점을 알고 있다면 반대로 그의 약점도 알고 있어야만 혼자 당하는 최악의 상황은 면할 수 있을 거라는 논리다. 기회주의적인 행동을 차단함과 동시에 '나 혼자 죽지는 않겠다'는 의지를 표명하는 것이다. 사업상 계약을 맺을 때 계약 조건으로 '신의를 어길 시에는 벌을 받는다'는 식의 내용을 제시하는 것 역시 마찬가지다.

두 번째는 관계를 더욱 공고하게 해주는 디딤돌로서의 역할이다. '둘 만의 비밀'은 연인끼리만 공유하는 추억을 뜻한다. 말하지 않았지만 그가 원하는 것을 주고 싶고 힘든 일을 해결해 주고 싶은 마음에서 상대방의 비밀이 궁금한 것이다. 여기서 비밀의 범위는 단순히 남에게 숨기는 것이 아니라 '말하지 않은'부분까지 포함된다. 상대방이 말하지 않아도 그를 위해 도움을 주고 소중한 것을 나눌 줄 아는, '유쾌한 불확실성'이 주는 즐거움이 있다. 생일도 기념일도 아닌데 불쑥 내미는 러브레터처럼.

인류학자들에 따르면 사람들이 차별 없이 어울리며 각자가 생산한 자원을 나누던 시대가 있었다. 예기치 않은 순간에 소중한 것을 주기도 했다. 가난한 친구의 집 앞에 쌀한 자루를 갖다 놓는 식이다. 인류학자들에 따르면 선물은 상대방이 예측할 수 없을 때만 의미를 가진다. 예를 들면 빌려줬던 돈을 제 때 돌려받는 건 당연히 선물이 아니다. 하지만 기한이 한참 지나고 갚을 능력이 없다고 판단해 포기한 순간에 예기치 않게 그 돈을 돌려받게 된다면? 받아야 할 돈임에도 불구하고 마치 공짜 돈이 생긴 것 같은 기분이 들 것이다. 이것도 선물이다.

하지만 목적이 제 아무리 좋은 것이라 해도 수단을 항상 정당화시켜 주지는 않는다. 사랑이라는 이름으로 연인을 감시하는 족쇄로 전락해 버린 '감시 앱'이나 몇 건의 청부살인 이슈들은 상대방이 알지 못하는 상태에서 비밀을 추적하고 포착하는 일이 얼마나 위험한지 깨닫게 한다.

이렇게 비밀이 가진 권력이 엄청나다 보니 우리는 그 달콤한 유혹에 쉽게 넘어간다. 소수가 특정비밀을 공유하면서 이익을 챙긴다. 그러나 눈앞의 이익에 급급하기 전에 공자의 이야기에 주목해야 한다. 공자는 비밀이 덧없는 것이라 강조했다. 영원한 비밀이란 존재하지 않으며 아무리 사소한 것이라 해도 모두 밝혀질 것이라 단언했다. 결국 '비밀을 공유한다'는 비밀이 스스로의 발목을 잡게 된다. 한 번 생각해 보자. 고위 관료가 공시되지 않은 개발 계획을 먼저 입수해 해당 지역의 땅을 사재기하고 이를 되팔아 시세차익을 챙기면 어떻게 될까. 힘이 있는 현직 관료는 칼을 쉽게 피한다. 당분간은 호위호식할 것이다. 하지만 그가 '전직 관료'가 되는 순간 또는, 위세가 예전만 못하게 되는 순간이 되면 그토록 숨기고 싶었던 비밀이 밝혀질 것이다. 비밀은 진실이 드러나는 시기가 유예된 상태일 뿐이다. 공자는 비밀을 통해 가진 권력은 '칼날을 쥔 채 휘두르는'것처럼 자신에게 상처를 남길 거라는 경고를 하고 싶었던 게 아닐까.

분노에 대하여

“어떤 사람이 자신을 비난하고 힘들게 만든다고 할지라도 그 또한 불쌍한 사람이라고 생각한다면, 그에 대한 분노는 곧 가라앉을 것이다. 노여움이 활활 타오르는 불꽃이라면 동정과 사랑의 마음은 굵은 비와 같다. 만약 분노의 감정을 조절하지 못하고 복수를 한다면 그 상대는 물론 분노를 품은 자신마저 정신적, 육체적으로 엄청난 고통을 받게 된다”*(쇼펜하우어)*.

늘 조용하던 회사 동료나 말 잘 듣던 부하 직원이 갑자기 불같이 화를 내 놀란 경험이 한두 번쯤은 있을 것이다. 내가 하는 일을 하찮게 여기는 말 또는, 남들 앞에서 나를 망신 줬다고 느낄 때처럼 무시당했다는 생각이 들면 누구나 화가 나기 마련이다. 그러다 화를 속으로 더 이상 삭이지 못하고 밖으로 분출하는 분노의 트리거*(Trigger, 방아쇠)* 포인트가 작동하고 만다.

'분노의 트리거 포인트'는 대부분 자존감, 스스로 약점이라고 여겨 왔던 부분과 깊게 연관되어 있다. 예를 들면 내 일의 중요성을 잘 몰라준다고 생각해 왔던 사람은 상사나 동료가 직접적으로 업무를 폄하하는 순간 크게 화를 낸다. 주변에서 "재 한번 화내면 무서워" 또는, "저러다 한 번에 터지면 장난 아니겠다"라고 평가 받는 사람을 살펴보자. 신경질적이거나 다혈질적인 성격일리가 없다. 열이면 열 누가 봐도 화를 낼 법한 상황임에도 참고 넘어가는 사람이다. 그러나 증기가 가득 찬 압력솥 같은 잠재적인 폭탄인 그가 터지면 최악의 상황이 닥칠 거란 걸 굳이 경험하지 않아도 다들 알고 있다.

사회적 문제로 대두된 분노조절장애는 증기로 꽉 찬 압력솥이 터져 버린 경우다. 오랫동안 무직이었던 사람이 불특정다수를 상대로 길거리에서 위협 행위를 서슴지 않는 '묻지마 테러'가 단적인 예이다. 세상사는 게 팍팍하고 여유가 없어서 사회적으로 분노의 기운이 팽배하기 때문이라는 해석이 주효하다. 그런데 '묻지마 테러'도 테러범 입장에서 보면 '묻지마'가 아니다. 충분히 이해되지 않고 제대로 설명할 수는 없지만 나름의 이유가 있다. 길거리에 지나가던 아이를 무참하게 때린 '묻지마 테러범'은 아이의 눈빛이 나를 무시하는 것 같아 그런 일을 저질렀다고 이야기했다. 아이의 무시하는 듯한 눈빛이 '트리거 포인트'로 작용한 것이다. 피해망상에 사로잡힌 사람은 예측 불가능하다는 점에서 가장 위험하다. 상대방의 의도가 반영되지 않은 행동도 해하거나 깔보려는 의도가 있는 것으로, 자의적인 해석을 하고 판단하는 경향이 심하기 때문이다.

정신과 의사들은 자신이 상황을 통제하지 못할 때 느끼는 감정 중 하나가 '분노'라고 이야기한다. 주변 환경과 상대방에게 나를 맞추기 위해 화를 오랫동안 참을수록 정서적인 억압의 정도는 더욱 심해진다. 분노로 쌓인 화가 표출되지 않으면 자괴감, 무력감이 커져 최악의 경우에는 목숨을 끊는 상황까지 이를 수 있다. 화는 저절로 없어지지 않는다. 어떤 형태로든 나타나기 마련이다. 게임에서 게이지를 가득 채워야만 쓸 수 있는 필살기만큼 강력한 건 없다. '분노 필살기'역시 마찬가지다. 그래서 우리는 압력솥에서 증기를 빼듯이, 화가 날 때 적당히 감정을 표현하면서 자신의 마음을 추스르는 습관을 가질 필요가 있다.

화를 유발하는 사람들의 행태를 살펴보면 미리 방어

할 수 있지 않을까? '문제 상사'의 특징 중 하나가 바로, 자신이 부하에게 느꼈던 복잡한 감정을 예측할 수 없는 순간에 토로하는 것이다. 평소 마음에 들지 않던 아랫사람의 습관, 말투, 업무 방식 같은 것들을 가슴에 담아두었다가 특정 상황에 '잘 걸렸다'는 심보로 쏟아내는 식이다. "왜 내가 시킨 일을 할 때마다 이런 식이지?", "혹시 투잡 뛰니?", "왜 이렇게 일에 집중을 못해!" 등의 폭언은 듣기만 해도 화가 뻗치는 내용이다. 자존감은 물론이고 약점까지 물고 늘어진다. 자세히 살펴볼수록 부하 직원이 폭발하는 게 놀랍지 않다. 오히려 '이제까지 어떻게 참았나?'하는 생각까지 들 정도다.

그렇다면 분노를 '적기'에 표현한 상사의 마음은 제대로 치유되었을까? 전혀 아니다. 감정적으로 공격받은 부하의 이지러진 얼굴을 보며 또 다른 분노가 쌓일 뿐이다. 게다가 본인의 분풀이를 정당화하기 시작한다. 화내는 것도 처음이 어렵지 그 다음은 쉽다. 그래서 더욱 세게, 그리고 뜬금없이 부하에게 화를 내는 습관이 생긴다. 화에도 경로 의존성*(Path Dependence)*이 있기 때문이다. 커뮤니케이션 전문가들은 억누른 화를 '어떻게 풀 것인가'를 가장 먼저 고민해야 한다고 말한다. 분노는 적절히 관리해야 하는 자원*(Resource)*이라는 관점을 가져야 한다.

그렇다면 어떻게 화를 해소해야 가장 현명한 걸까. 이론상으로는 서로가 서로를 존중하는 태도가 필요하다. 그러나 사람 마음이 다 내 마음 같은 건 아닌지라 타인의 태도를 통제하지 못하는 어려움이 있다. 그래서 여기 혜민 스님이 내린 처방을 눈여겨 볼만하다.

"누가 비난했다고 분노하거나 서운해 하지 말자. 부족한데도 격려하고 세워주는 사람도 있지 않던가? 그러려니 하고 살자."

분노의 방아쇠를 당기는 이를 막는 방법은 방아쇠를 당기지 않는 수많은 사람들에게서 찾을 수 있다는 것이다. 결국은 타인에게 방아쇠를 넘기지 말고 최종 결정권을 스스로 가지는 데 답이 있다. 내가 제어할 수 없는 감정을 허용하지 않고 자제할 수 있는 법을 찾아야만 한다.

직장인이 폭발하려는 분노를 참을 때 하는 상상 중 하나가 무지막지한 상사의 얼굴에 사표를 내던지는 것이라고 한다. 상상만으로도 아드레날린이 분출되는 효과가 있다고도 한다. 하지만 상상은 상상으로 그쳐야 한다는 걸 대부분 잘 알고 있다. 100명 중 99명은 그래서 오늘도 하루를 무사히 넘긴다. 가장 큰 피해자는 분노를 촉발한 사람이 아니라 터트린 사람이라는 사실을 본능적으로 느끼고 있으니까.

분노를 조절하는 법을 아는 건 나만의 '트리거 포인트'를 찾는 데서 출발한다. 참을 수 없었던 순간을 곱씹는 건 그리 유쾌한 일은 아니겠지만 상황의 공통된 키워드를 발견하고 주지해야 한다. 한 번 터진 분노는 회복하는 데 생각보다 시간이 많이 걸린다. 어쩌면 영영 지워지지 않는 상처를 '나에게'남길지 모른다. 남 때문에 속도 터지고 일자리도 잃으면 그보다 심한 피해가 어디 있단 말인가. 쇼펜하우어의 경고를 마음 속에 새겨야 하는 이유가 여기 있다.

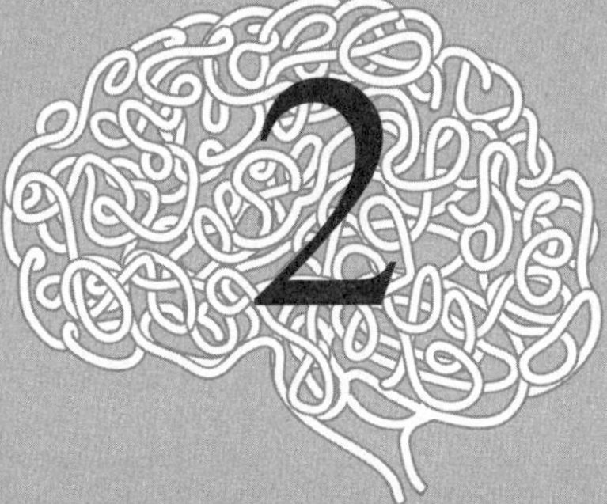

2

‘과감한 축소’

옳다는 생각에 중독되지 마라

"마음에서 우러나 입으로 나오나니 몸에 밴 것이 선하냐 아니냐에 따라 일이 성공하기도 실패하기도 한다"*(정조, '홍재전서'(弘齋全書)).*

조선의 임금 정조는 상대방을 감정적으로 미워하는 것을 상당히 경계한 지도자였다. 아버지 사도세자가 다혈질이기 때문이었을까. 할아버지와 함께 세손으로 살아갔던 정조는 수차례 억울한 일을 겪었고 죽을 뻔한 위기를 넘겼지만 잘 참았다. 그리고 최고 지도자의 자리에 서서도 상대방의 입장과 이익을 이해하려고 노력했던 인물이었다. 그렇다

보니 정조는 조선 최고의 협상가형 리더였다는 평가를 받는다. '적의 논리로 자신을 브랜딩할 만큼'상황 판단 능력과 마인드 컨트롤이 강한 사람이었기 때문이다.

자신이 옳다는 생각에 치우쳐 있는 인물은 그런 균형감을 잡기 어렵다. 세월호 사고로 사회적 문제를 일으킨 어느 종파의 지도자가 주장한 구원론이 문제가 된 적이 있다. 누구든지 자신이 주장하는 죄 사함의 비밀을 깨달으면 회개 없이, 영원한 구원을 받을 수 있다는 논리다. 제아무리 윤리적이고 원칙을 고수한 믿음을 지켜도 자신이 인준한 모습이 아니면 악인에 불과하다는 정죄론을 펼친다. 문제는 이런 행태가 일반 기업 조직 안에서도 이어지고 있다는 것이다.

그라쿠스의 실패, '내가 옳다는 믿음'에서 비롯돼

젊고 똑똑한 엘리트일수록 자신의 일관된 논리로 상대방을 정죄하려는 경향이 강하다. 서양사에서 유명한 공화정 로마의 지도자이자 귀족 자제였던 그라쿠스 형제는 기원전 4세기경 카르타고와 전쟁에서 승리한 스키피오 장군의 외손자들이었다. 그들은 공화정 로마를 떠받치는 지도자들이라는 강한 자의식을 지니고 있었다.

맏이였던 티베리우스 그라쿠스가 어느 날 스페인 반

란을 진압하러 원정길을 나서다 길가에서 자유시민이 노예처럼 일하는 모습을 보고 충격을 받는다. 오랜 카르타고 전쟁 동안 자신의 토지를 독점 농장주들에게 내준 사람들이 소작을 살고 있었다. 불의에 분노한 그는 귀족임에도 불구하고 평민이 출마하는 호민관 선거에 입후보한다.

당시 호민관은 로마법에 입각해 새로운 규정과 제도를 입안하는 역할을 했고, 약간의 사법권도 갖고 있었던 시민계급 출신 권력자였다. 이미 잘 알려진 집안 출신에 잘생긴 외모를 갖고 있었던 그는 압도적인 지지율로 당선돼 정치인으로 데뷔했고, 토지 소유 제한과 상이군인의 복지제도 신설, 식량 공급 방식의 개혁과 같은 혁신적 조치로 로마 정계를 충격으로 몰아넣었다.

문제는 창의적이고 파격적인 정책 아이디어 자체가 아니라 이를 집행하는 방식이었다. 그라쿠스 형제 자신이 귀족 출신임에도 불구하고 뿌리부터 부정할 수 있는 개혁 조치를 단행했다. 토지 소유에 대해 객관적인 검증이 가능하다고 여겨지는 '3인 위원회'를 꾸리고 여기에 자신의 장인과 시민계급 출신 동지를 추천해 기존 정부와 별도의 권력 행사 채널을 만든다. 누구든지 합리적인 토지 분배에 반대하는 이들은 '로마의 적'이라고 낙인찍어 버렸다.

처음에는 그라쿠스의 혁신성에 반했던 지지자들도

점차 돌아서고 결국 티베리우스는 개혁을 빌미로 왕이 되려 한다는 의혹 끝에 살해당한다. 이후 동생도 비참하게 생을 마감했다. 비극의 발단은 그들의 혁신을 위한 슬로건과 집행 방식이 매우 단편적이었던 나머지 다양한 이해관계자를 포섭하지 못했다는 것에서 비롯되었다.

정조의 성공 이유, 상대방의 표준을 고민하는 습관

반면, 조선의 개혁 군주 정조는 달랐다. 영화 〈역린〉에서도 나오는 것처럼 즉위 전부터 아버지 사도세자가 영조에 의해 대역죄로 참살 당했다는 핸디캡을 안고 있었다. 그에게 혁신은 일종의 정치적 전략이 동반되어야만 가능한 성과였다.

사회학자 해리슨 화이트의 관점에 따르면 정조는 복잡하고 다양하게 얽힌 네트워크 집단마다 고유의 규범, 언어, 정치적 이해관계를 통찰한 인물이었다. 그는 반대파인 노론과 대화할 때는 할아버지 영조의 보수적 국정 운영 방식을 답습한다는 주장을 내세웠고, 자신의 지지자인 소론과 개혁 세력들에게는 '새로운 나라'를 만들려 한다는 꿈을 심어줬다.

대표적인 케이스가 문체반정*(文體反正)* 조치다. 당시 서민들이나 개혁 사대부들이 선호하는 소설과 수필 식의 문체가 유행하자 노론이 숭배하는 고전 문헌의 문체를 본받아야 한다고 강조한 것이다. 이는 자신의 정체성을 다른 집단의 규범을 이용해 포장한 것이다. 정약용이나 강세황과 같이 진보적 성향의 문인, 예술가들과 소통했음에도 불구하고 때에 따라 자신의 정치에 다양한 이해관계자들이 필요함을 인식했던 결과였다. 이는 정확하게 '상대방의 표준'*(상대방이 중요하게 생각하는 가치, 규범 등)*을 이용해 적절히 자신을 브랜딩할 줄 아는 전략이기도 했다.

짧은 집권 기간이었지만 정조는 그라쿠스 형제 못지않은 군제 개혁과 상인들의 독점권 철폐와 같은 혁신 드라이브를 걸었고 성공했다. 미래 수도 화성의 건설과 규장각의 신설, 장용영을 통한 표준화된 방위정책 운영 등 1대에 걸쳐 이룩하기 힘든 업적을 폭넓게 쌓은 인물로 존경받는다. 정약전과 같은 급진적인 인물도, 채제공과 같은 보수적인 인물도 함께 존경할 수 있는 지도자가 정조였다. 다양한 네트워크에 속한 집단들이 이해하고 공감할 수 있는 소통 방식을 효과적으로 사용하고, 성과를 거둘 수 있는 일에 좀 더 초점을 맞춘 결과였다.

부드럽게 다가가라, 당신의 프레임으로 고치고 싶다면

누구든 자신이 '변화의 대상'이라는 사실을 인식하게 되면 저항하거나 겁에 질린 모습을 보인다. 지적이고 분석적이라고 평가받는 컨설팅이나 연구소에서 이직한 임원들이 처음에는 서슬 퍼런 위엄을 보이다가도 나중에는 다양한 지지자들을 얻는 데 실패하고 또 다른 직장으로 옮겨가는 것도 같은 이유에서다.

건강한 변화를 위해 자신의 성공 경험과 원칙을 제안하는 것은 중요한 일이다. 그러나 보다 지속 가능한 처신을 위해서는 자신이 속한 사회 구성원 각자가 이해할 수 있는 표준과 규범을 효과적으로 건드리는 전략이 절실하다. 교주형 개혁가 그라쿠스가 아니라 협상가형 정조의 모습이 우리에게 꼭 필요한 진짜 이유다. 옳다는 생각에 중독되지 말아야 한다. 그래야 진짜 변화를 만들어 낼 수 있다.

비겁한 자가 되지 마라

"용감한 자는 한번 죽고도 영원히 살지만, 비겁한 자는 공포에 질려 여러 번 죽소"*(셰익스피어 희곡 '줄리어스 시저')*.

셰익스피어의 작품 '줄리어스 시저'*(Julius Caesar)*는 로마의 독재자이자 영웅 시저가 브루투스의 음모에 휘말려 죽어가는 과정을 그린다. 그가 죽기 전날 밤, 부인 코르넬리아는 무서운 꿈을 꾼다. 시저가 여러 귀족들에게 휩싸여 암살당하는 장면을 목도한 것이다. 마침, 브루투스는 카시우스, 데키우스 등과 함께 저택에 모여 어떻게 시저를 죽일 지 모의하고 있었다.

시저가 왕위 즉위를 논의하기 위해 등원하는 날 아

침, 부인은 남편의 출발을 극구 만류한다. 꿈자리가 사나우니 오늘 하루만 조심하자는 권유였다. 그러나 시저는 코르넬리아의 부탁에도 불구하고 의기양양하게 집을 떠난다. 마침 문지방에 발가락을 부딪쳐 심하게 상처를 입어 전조도 좋지 않은 상황이었다. 그런데 시저가 자신의 부인에게 용감한 자와 비겁한 자를 비교하며 남긴 또 다른 말이 매우 인상적이다.

"나는 위험 그 자체보다 더 공포스러운 사람이다. 오너라. 위험아. 상대해 주마."

사실 시저가 말한 것은 위험*(Risk)*이라기보다 불확실성*(Uncertainty)*의 개념에 가깝다. 위험은 통계적 확률로 사건의 발생 가능성을 예측할 수 있는 변수다. 그러나 불확실성은 관찰이나 분석을 통해 포착하기 힘든 변수다. 모든 사람이 저마다 불확실성을 안고 살아간다. 다만 불투명한 미래에 대해 어떻게 대처하느냐에 따라 삶을 바꿀 수는 있다.

특히, 협상*(Negotiation)* 상황에서 불확실성에 어떻게 대처하느냐가 매우 중요하다. 우리는 조직 밖에 있는 사람과 거래를 할 때 또는, 누군가와 회사 안에서 업무적으로 소통할 때 협상을 한다. 그리고 연인을 설득하거나 친구와 좋은 관계를 맺으려 할 때에도 어느 정도는 협상적 접근을 하게 된다. 이 때 다가 올 불확실성에 대해 염려하고 무서워하는 사람들은 '손해 보지 않으려는'모습을 보인다. 그런 사람들을 가리켜 '좀팽이' 또는, '쪼다'라고 표현하는 경우가 많다. 말 그대로 소탐대실(小貪大失) 즉, 작은 이익을 생각했다가 그 이상의 신뢰 또는, 평판을 잃어버리는 상황을 초래하기 때문이다.

북한이 왜 자꾸 국제 사회를 향해서 강경한 발언을 쏟아내고, 무자비한 행동을 저지르는 것일까? 그 이유는 단순하다. 자신들은 '두렵지 않다'고 피력하기 위해서다. 그들은 유화적인 제스처가 오히려 자신들을 구차하게 만든다고 믿는다. 그래서 최대한 당당한 모습으로, 때로는 폭력적인 이미지까지 가미해 가며 자신들을 포장하려 한다. 물론 이 방식은 북한을 국제 사회의 소통 체제로부터 고립시키고 경제적으로나 정치적으로 후진적인 공간으로 만드는 결과를 초래하고 말았다. 그러나 적어도 자신의 존재감을 피력하는 데에는 어느 정도 효과를 거둔 것 또한 사실이다.

인간관계도 마찬가지다. 잠깐의 이익 때문에 구차한 모습을 보이는 인물을 사람들은 정말 싫어한다. 설사 그와 거래나 교환을 해야 한다 할지라도, 스스로의 신념과 규범을 어겨 가며 타협하려는 태도는 관계 자체를 장기적으로 바라보지 못하게 하는 원인이 된다. 그 이유가 무엇일까? 인간의 내면에는 공정성 편향*(Fairness Bias)*이라는 게 있다. 옳지 못한 것에 대해 비난하는 마음이 있다. 맹자*(孟子)*는 이것을 가리켜 '시비지심'*(是非之心)*이라고 했다. 비겁한 사람, 지나치게 정치적인 사람은 인간적으로 가까워지기 어렵다. 설사 친한 친구라 하더라도 어딘가 마음 한 구석에 '찝찝하다'는 인상을 갖게 된다.

여러 가지로 유혹이 많은 사회다. 특히, 수많은 정보와 데이터가 넘쳐나는 '스마트한'사회에서 정도가 아닌, 지름길로 가자고 권하는 다양한 의견이 넘쳐나는 세상이다. 정보가 많다는 것은 가치 판단의 기준 또한 다양하다는 것을 의미한다. 자신의 신념이나 원칙과 별개로, 보다 편하고 매력 있어 보이는 대안에 마음을 빼앗길 가능성도 많아졌다. 특히, 논리적이고 과학적인 것 보다는 감각적이고 직관적인 대상에 쉽게 현혹되는 것이 현대인이다. 끊임없이 삶의 기준이 분열되고 상대화되는 상태에서 무엇이 정말 옳고 그른지 분별하기 어려워진 것도 사실이다.

필자들이 알고 있는 어느 기업인은 편법을 추구하고픈 유혹에 빠질 때마다 이렇게 자문자답하는 습관이 있다고 한다. "내 가치가 이것 밖에 안되나?"인간의 가치도 물건처럼 오르고 떨어질 수 있다는 관점에서 그는 도덕성을 매우 중요한 가치 평가 요소로 인식한 것이다. 잠깐의 효율성을 추구하느라 불의와 타협하는 것은 자신의 가치 하락을 의미하며, 명성을 땅에 떨어뜨리는 일이 될 수도 있다. 비록 단기적으로 몇 가지 수익을 올릴 수 있을지는 몰라도. 주식 시장에서 잠깐의 이익 발생에 일희일비하는 '작전 주'투자자들이 생각보다 큰돈을 벌지 못하는 것도 이와 같은 이유이다.

누군가 당신을 기억하는 이유는 당신에게 발견된 독특함이나 고집 때문일 수 있다. 잠깐의 이득과 편안함을 위한 외교와 정치가 아니라, 당신의 고유한 소신과 철학으로 무장할 때 보다 매력적인 사람으로 평가될 수 있음을 기억하라.

여성 리더,
남성화되지 마라

"엄마 다녀올게"*(tvN 드라마 '미생' 중(中) 선 차장).*

우리 사회에서 여성 리더로 살아간다는 것은 매우 힘든 일이다. 인기리에 종영된 드라마 〈미생〉에서 가정과 업무를 병행해야 하는 중압감 속에서 살아가는 여성 인재 선 차장의 이야기가 등장한다. 한참 부모의 관심이 필요한 입학 전 아동을 자녀로 둔, 선 차장은 "엄마 다녀올게"라고 말하는 순간 엄청난 공허감을 느낀다. 직장에서도 그녀가 여성이라는 편견 때문에 뒷담화의 대상이 되기 일쑤다. 사내 정치보다는 원칙을 중시하는 업무 기풍, 한점의 흐트러짐도 없이 완벽을 기하는 모습 등은 약간의 유연성을 원하는 남성 동료들이 부러워하면서도 얄미워하는 모습이다. 직장의 수많은 '선 차장'들은 남자들의 '유리 천장'에 부딪혀 외롭고 힘들어한다. 그렇지만 자신의 능력과 소신만이 답이라 믿으며 더욱 일에 열중하게 된다. 반면에 완전히 남성화되는 여성 리더들도 있다. 그들은 때때로 일반적인 여성으로서의 캐릭터를 완전히 포기한다. 남자들의 정치적 네트워크에서 배제되고 싶지 않거나, 그들을 장악하기 위해서 닮아갈 필요도 있음을 인식했기 때문이리라. 남자들처럼 짧게 머리를 깎거나, 부하에게 비속어를 섞어 가며 화를 내는 것은 일반적인 여성들에게 보기 힘든 모습이다. 부드럽고 따뜻하기보다는 의도적으로 억세고 잔혹한 이미지를 연출하기도 한다. 그러나 남성화 또는 중성화된 여성 리더들은 권위적으로 남성 부하들을 복종시키는 데는 성공하더라도 심정적으로는 복종시키지 못하는 딜레마에 빠지곤 한다. "여자가 왜 그래?" 또는 "저렇게 독하니까 여자가 임원이 됐지"라며 부당한 편견에 시달리게 된다.

사면초가의 마음, 여성 리더를 공포 정치의 유혹에 빠지게 한다

이처럼 사면초가*(四面楚歌)*의 국면에서 여성 리더는 '공포 정치'의 유혹에 빠지기 쉽다. 자신을 인간*(人間)*

으로서 평가하는 잣대를 거부하고 지배자로서 군림해야겠다는 판단을 내리게 된다. 실제로 회사에서 높은 자리에 오른 여성 임원들은 자신이 온갖 음해와 시기에 시달리고 있음을 안다. 그들도 인간이기에 타인의 미움은 스트레스로 작용한다. 이러지도 저러지도 못하는 상황에서 믿을만한 것은 권력 밖에 없다. 언젠가는 그들도 무대에서 내려가야 하는 인물임에도 불구하고 무소불위의 철퇴를 휘두르며 부하들을 최대한 긴장시키고 복종하게 만든다.

역사 속에서도 공포정치를 펼친 여성 리더를 쉽게 찾을수 있다. 대표적인 인물이 당나라의 실권자이자 최초의 여황제였던 '측천무후'(則天武后)이다. 유명 배우 판빙빙이 나오는 중국 사극 '무미랑'(武媚郎)의 주인공이기도 하다. 그녀는 당 태종 이세민을 모시는 후궁이면서 그 아들인 고종 이치의 황후이기도 했다. 무후는 젊은 시절 어려운 삶을 살았다. 당 태종이 죽자 그를 모시던 비빈과 궁녀들은 모두 절에 들어가야 했다. 무후도 머리를 깎고 비구니가 되었다. 불가에 귀의해서도 온갖 역경을 겪었다. 무후는 우연한 계기로 고종 황제의 부름으로 재입궁했다. 고종은 그녀의 미모에 매료돼, 무후가 아버지의 후궁이었음에도 불구하고 비빈으로 책봉했다. 나중에는 정부인인 황후의 자리까지 내주게 되었다. 무후는 이처럼 급격한 환경 변화 속에서 혹독한 시련을 이겨내고 성공의 계단을 밟아 나간 여성 리더였다.

그녀가 임금의 공식부인이 된지 얼마 안돼서 권력을 쥘 만한 기회가 찾아 왔다. 당 고종이 중병에 걸려 몸져 눕게 되었다. 기나긴 국정 공백 끝에 무후는 황제 대신 당나라를 통치하는 섭정 황후가 되었다. 그리고 지금껏 당나라 황제들이 손대지 못했던 군제 개혁이나 균전제(均田制)를 통해 세수 균형화와 토지 배분의 정당성을 달성하게 된다. 귀족들의 무차별적인 토지 점유를 막고 서민들과 상인들이 살아갈 수 있는 현실적 경제 대책을 내놓았기 때문이다.

그러나 그녀의 혁신 정책은 금세 비난에 봉착했다. 당나라는 원래 수(隨)나라 때부터 중요한 영향력을 행사하던 무천진(武川陳) 군벌 세력이 득세하던 국가였다. 남성 중심적인 군인 출신 귀족들이 일종의 이해관계자로서 지분을 주장하던 사회였다. 그런데 무후가 정권의 전면에 등장해 자신들의 경제적 기반을 허물 수도 있는 개혁 정책을 실시하니, 그들에게는 눈엣가시였을 것이다. 역대 황제의 비빈을 배출하던 장손(長孫)씨 일가를 비롯해 이(李)씨 황족들까지 사사건건 무후의 정책에 반대하는가 하면, 암살기도가 수차례 자행되기도 했다.

이런 시도들에도 불구하고 무후는 반대파들이 정부 안에 머무르는 것을 허용했다. 이경업(李敬業)이라는 인물이

반란을 일으키자, 그를 위한 격문을 쓴 낙빈왕이라는 재사(才士)가 있었다. 무후는 자신을 비방하는 격문을 보고 화를 내기는커녕 "이렇게 훌륭한 인재를 왜 적에게 빼앗겼느냐?" 며 한탄하는 통 큰 모습을 보여줬다. 그러나 누구나 엄청난 스트레스와 반대에 부딪치면 일탈 행동을 하게 마련인지 결국, 패권주의자의 길로 돌아서고 만다. 스스로 철저히 남성적인 권력자의 방향을 선호하게 된 것이다.

황후(皇后)는 스스로 천후(天后)라고 일컬으라며 신격화를 시작하더니 나중에는 왕조를 바꾸어 주(周)라는 국가를 세우고 공포 정치를 시작했다. 자신에게 반대하는 명문가 귀족들을 주살(誅殺)하는가 하면 친아들도 권력 쟁취에 방해가 될 때는 독살해 버렸다. 그러자 무후의 혁신 정책을 지지하던 소장파 문신들도 등을 돌리게 되고, 결국 그녀의 독재 정권은 무(武)씨 일가와 몇몇 귀족들만이 지지하는 소수 지지자 중심의 네트워크로 전락해 버렸다.

결국 무후는 15년만에 다시 황후(皇后)로 돌아가 정치를 내려놓게 되었다. 그녀가 중병에 시달린다는 것을 알았던 재상 장간지(張柬之)나 후에 현종(玄宗)이 되는 이융기(李隆基) 등이 막후에서 관료들을 선동하여 일을 주도했기 때문이다. 정당성을 잃은 권력은 또 다른 모략으로 막을 내릴수 밖에 없었다.

'원칙'선호하는 여성 리더들이 주의해야 할 점

따지고 보면 무후는 여성 리더 중에서 가장 성공한 사람 중 하나다. 남성 중심의 사내 정치에 구애받지 않는 여성 리더의 장점을 그대로 드러낸 인물이기도 하며 불교*(佛敎)* 진흥과 더불어 새로운 문자 개발 등을 통해 문화 코드를 만들어 낸, 똑똑한 군주이기도 했다. 무후 당시 당나라가 가장 잘 살았다는 점도 눈여겨 볼만한 무후의 치적이다.

무후의 문제는 자신에게 편견어린 시선으로 반대를 위한 반대를 펼치는 이들에게 면역력이 약했다는 점이다. 그러다보니 '원칙'과 '혁신'을 강조하던 성격은 금세 독선과 모략으로 바뀌었다. 무후는 정보정치, 공포정치로 대중들도 통제했다. 오가작통법*(五家作統法 한 가구를 나머지 네 가구가 감시하게 만드는 단속 정책)* 도 원래 무후가 민중 감찰을 위해 만들어 낸 가정 조직 방식에서 비롯된 것이었다.

주변의 부당한 편견과 정치력으로 자신의 원칙 중심 리더쉽이 허물어지고 있다고 느끼는 여성 리더들은 자신들의 스트레스를 잘 통제해야 한다. 그러기 위해서는 남자들 간의 연대로 만들어진 권력 지도를 주도면밀하게 관찰해야 한다. 그들과 동화될 필요는 없지만, 친밀감과 통찰력을 활용해 우회적으로 통제할 수 있는 방법을 찾아야 한다. 또, 단점을 감추는 데 급급하기보다는 장점을 적극적으로 피력해야 한다. 여성 지도자의 가장 큰 장점이 창의성과 다양성이다. 오랫동안 한 가지 관점으로만 바라보았던 조직의 집단 사고를 개혁하기 위해, 계속해서 새롭게 일하는 방식을 제안해야 한다. 무후도 인재들이 자신을 추천하는 자거*(自擧)*나 무거를 실시해 인사 혁신을 단행하기도 했다.

제일 중요한 여성 리더의 덕목은 바로 소통이다. 일반적으로 남성들은 술을 먹어야 겨우 진심을 드러내지만, 여성들은 평소에도 자신의 감성을 활용해 물처럼 스며드는 소통법을 구사할 수 있다. 언어적인 의사전달뿐만 아니라 비언어적인 제스처로 남자들보다 더욱 매끄럽게 다져진 소통 방법을 통해 많은 부하들이 공감할 수 있는 조직 내 '트렌드'를 만들 수 있어야 한다. 처음엔 장벽이 높지만 부드러운 여성 지도자의 소통 방식에 많은 남성 부하들이 감화되기 쉬운 것도 사실이다. 고유의 스타일로 조직을 현명하게 이끄는 여성 리더가 많이 등장하길 기대한다.

미디어와 경영학자들의 역할도 중요하다. 성공한 여성 리더들의 사례를 적극적으로 연구하고, 발표해야 한다. 특히, 콘텐츠나 소비재처럼 여성 비중이 높은 산업에서 성공한 사례를 발굴하려는 노력이 절실하다.

무소의 뿔처럼
혼자서 가라

"소리에 놀라지 않는 사자처럼, 그물에도 걸리지 않는 바람처럼, 진흙에도 더럽혀지지 않는 연꽃처럼, 무소의 뿔처럼 혼자서 가라"*(석가모니)*.

〈마이 리틀 텔레비전〉이라는 TV 쇼가 인기다. 원래 이 프로그램은 아프리카라는 웹 브로드캐스팅 플랫폼의 1인 방송 시스템이 갖고 있는 아이템을 변형한 것이다. 수많은 아프리카 콘텐츠 중에 가장 많은 인기를 끌고 있는 소재가 '먹방'이다. 특정 음식을 먹는 모습을 보여주며 사람들에게 '별'을 받아 수입을 올리는 브로드캐스팅 자키*(Broadcasting J)*들이 정말 많다.

〈마이 리틀 텔레비전〉에서는 이런 시류를 반영해 백종원 대표가 집에서도 해 먹을 수 있는 요리, 땅콩 잼이나 바나나 등을 활용해 누구나 쉽게 만들 수 있는 디저트 등을 만드는 방법을 선보였다. 대중들은 저마다 "맛있겠다. 백 대표님이 만드니깐 더 재밌고 좋은 것 같다"는 등의 폭발적인 반응을 보였다. 지금은 하차했지만 이 프로그램을 통해 '백주부'라는 애칭을 얻은 그는, 이후 수많은 광고와 각종 예능 프로그램을 섭렵했다.

비슷한 관점에서 〈냉장고를 부탁해〉같은 프로그램도 사람들의 이목을 끈다. 유명한 요리사들이 출연해서 스타의 냉장고 속 재료를 재활용해 적은 원가로 높은 퀄리티의 음식을 탄생시킨다. 누구나 혼자 사는 사람의 냉장고에서 볼 법한 소주, 토마토, 버터, 빵, 남은 햄 같은 것들을 재활용해서 천상의 작품을 만들어 내는 게 이 프로그램의 묘미다. 그러면서 패널들은 스타의 사적이고 비밀스런 삶을 엿보고, 몇몇 음식들을 통해 "이성 친구를 숨겨두고 있는 것 아니냐?"며 장난스럽게 말을 걸기도 한다. 그리고 요리사가 만들어 낸 놀라운 음식을 맛보며 탄성을 지른다.

사람들이 이토록 먹는 것에 집착하게 된 이유는 무엇일까? 미래가 불안하기 때문이다. 저성장의 늪, 고용 불안, 88만원 세대의 등장 등 열심히 일해도 '장미빛 미래'를 꿈꾸기 어렵다. 더 나은 내일을 보장받을 수 없다고 믿는 20~30대에게 '지금 아껴야 나중에 잘 산다'는 말은 공허한 외침일 뿐이다. 지금 당장 충족할 수 있는 욕구가 '식욕'인 것이다. 집을 장만하거나 차를 사는 것처럼 목돈이 들어가지도 않는다. 그래서 우리는 먹는 것에 집착한다.

'식사'는 먹는 것만을 의미하지 않는다. 한국인에게 식문화는 관계적 의미를 지니고 있다. 누군가와 소통한다는 의미를 담고 있는 것이다. 다른 나라 사람들과 달리 한국 사람들은 혼자 먹는 것에 익숙하지 않다. '식사=약속'이다. 누군가와 점심 한 번, 저녁 한 번을 먹었다는 것이 상당히 적극적인 소통 행위처럼 느껴진다. 오죽하면 자신의 로비 사실을 고백하며 죽어간 어느 전직 정치인이 '밥 약속'리스트를 공개했겠는가. 누군가와 식사를 한다는 것은 상대방과 큰 의미를 공유한다는 것을 뜻한다. 영어로 '친구'를 의미하는 '컴패니언'*(Companion)*이 '빵을 같이 나눠 먹는 사이'를 의미하는 것처럼 말이다.

그 밥 약속을 무엇으로 잡는가? 바로 '카톡'이다. 모바일 인스턴트 메신저*(Mobile Instant Messanger)*이다. 핸드폰을 언제 어디서나 사용할 수 있게 되면서, 개인화 경향이 늘어났다고 하지만 소통의 빈도도 폭발적으로 증가했다. 친구들끼리, 회사 동료들끼리 만들어 낸 '단톡방'은 말 그대로 한국인 특유의 관계에 대한 집착과 결속력을 보여주는 산물이다. 그래서 오랫동안 보지 않은 메시지를 100개, 200개씩 쌓아 두는 사람들도 많다. 그리고 자신이 원치 않는 사람은 교묘하게 차단하거나 삭제를 하기도 하는데, 직접 만났을 때 그 사실을 들키지 않으려고 안간힘을 쓰는 모습을 종종 볼 수 있다.

관계가 사람들의 모든 행위를 결정짓는 시대에, 3000년 전의 석가모니는 "혼자가 되라"고 정 반대의 이야기를 한다

초기 불교 경전 '숫타니파타'는 왜 인간이 혼자 살아야 하는지를 숲의 비유, 빈자의 비유 등을 토대로 매우 쉽고도 강하게 논증한다. 석가모니는 별세하기 직전에도 제행무상(*諸行無常*), 모든 인간의 일 중에 영원한 것은 없으며, 그래서 얽매여야 할 인연도 없다고 이야기했다. 마찬가지로 무소의 뿔처럼 우직하고 외롭게 한 길을 걸어가라고 주장한다.

소리에도 놀라지 않는 사자처럼
그물에도 걸리지 않는 바람처럼
진흙에도 더럽혀지지 않는 연꽃처럼
무소의 뿔처럼 혼자서 가라.

자식을 낳거나 누군가에게 의존하지도 말라는 이야기도 등장한다. 하기야 부처님은 있던 자식과 부인마저 버리고 고행의 길을 떠난 분이었다. 자기를 얽어매는 모든 사회와 주변의 규정을 벗어버리고 오로지 '혼자'만의 여행을 추구한 것이다. 현대인에게는 정말 쉽지 않은 길이다. 한때 젊은 세대들이 '네이트'메신저를 많이 사용할 때 상대방이 나를 차단했거나 삭제했는지 여부를 알아보는 방법이 유행한 바 있다. 누군가가 나와 소통하기를 거부한다는 사실만으로도 몸서리치게 싫어하는 게 인간인데 '자발적으로' 혼자가 되라니, 말처럼 쉽지만은 않은 일일 것이다.

모두가 관계와 소통을 외치는 시대에, 자기만의 시간을 갖기를 촉구하는 석가모니의 가르침은 언뜻 트렌드를 역행하는 것처럼 보일 법도 하다. 그러나 우리가 관계를 통해 추구하는 것들이 진정한 자신의 가치와 거리가 먼 것들이라면 어떨까. 특히, SNS와 스마트폰으로 인해 현대인은 너무나 많은 정보를 한꺼번에 마주하면서 주체적 판단 자체가 마비된 삶을 산다는 비판에 직면해 있지 않은가. 자신의 생각이 아닌, 다수의 행동을 따라 가는 모습을 가리켜 '밴드웨건'*(Bandwagon)*이라고 한다. 정말 나 다워지려면, 혼자만의 시간이 필요하다. 그런 점에서 우리에게는 관계 다이어트 내지는 소통 다이어트가 절실하지 않을까. 이따금 무소의 뿔처럼 혼자가 되는 시간을 가져 보자.

가끔 관계에도 안전거리가 필요하다

"그를 존경하되, 조금 멀리 떨어져 있으라"

(敬而遠之) – 공자(孔子).

공자가 살았던 춘추시대*(春秋時代 : BC 770 – BC 430)*의 사람들은 누군가와 가깝게 지내기 위해 대접하는 습관을 갖고 있었다. 자신에게 복을 줄 수 있는 조상신이나 힘센 권력자에게 향응을 제공하는 것이 일상화되어 있었다. 그런데 공자는 그런 관계가 건강하지 못하다고 여겼다. 그래서 대가를 기대하며 일방적으로 누군가에게 헌신하는 관계를 경계했다.

지난해 봄, '왜 나만 잘못했느냐?'고 외치며 목숨을

끊은 정치인이 있었다. 원래 그는 기업인 출신으로 여러 정치인의 선거 자금을 대며 그들과 교분을 다져 왔다. 그러나 법적으로 문제가 생겼을 때, '그들'은 도움을 주지 않았다.

'어차피 '호구'가 무차별적으로 풀어대는 호의인데, 그것에 대해 보상할 필요가 있느냐'하는 생각 탓이다. 준 사람 입장에서는 금전이나 향응을 통한 공여 행동*(Gift-Giving Behavior)*이 이후의 가치를 담보할 것이라고 기대한다. 그러나 받는 사람은 '선물'이 꼭 자기에게만 주어진 것은 아닐 것이라고 생각하는 한편 수준이 안 맞는 사람과 교제해준 데 대한 대가라고 인식할 수도 있다. 왜 이런 엇갈림이 발생하는 것일까. 그 이유는 관계 속에 콘텐츠가 없기 때문이다.

바흐 · 헨델 · 모차르트 · 슈베르트의 삶 속에 드러나는 관계와 콘텐츠

비슷한 교훈을 예술계에서도 발견할 수 있다. 바흐*(Bach)*, 헨델*(Handel)*, 모차르트*(Mozart)*와 같은 위대한 작곡가들도 여러 사람들과 도움을 주고받으며 성공의 궤적을 밟아 나갔다. 역사에서 보면, 작곡가들도 기업인이나 정치인처럼 흥망성쇠가 있었다. 그들은 개인적인 플레이*(Play)*를 통해 생존 수단을 확보했던 사람들이었다.

그 중에서도 바흐*(Bach)*는 진심형이다. 자신의 음악

작품에 대해 공감할 수 있는 사람과만 대화했고, 싫어하는 사람은 철저히 차단했다. 반면, 헨델*(Handel)*은 문어발식 관계를 지향했다. 오페라 사업가였기 때문에 자기에게 도움될 수 있는 사람이라면 무조건 만나는 경향이 있었던 것 같다. 명작 〈메시아〉도 그런 배경 속에서 만들어졌다. 오페라 시장에 불황이 몰아닥치자, 종교곡을 써보라는 주변 투자자들의 조언을 귀담아 들은 결과였다. 결과적으로 바흐는 좋은 사람만 만나기도 바쁜데, 나쁜 사람 또는, 기분 좋지 않은 사람을 상대할 필요가 없다고 여겼던 인물이다. 반면에 헨델은 얼마 전 작고한 모 회장처럼 작품 활동을 위해 정치적 로비도 끊임없이 했던 사람이었던 셈이다.

콘텐츠 없는 관계의 어려움

모차르트나 슈베르트처럼 반짝 성공을 누렸지만, 단명한 사람들은 대인 관계가 어떠했을까. 모차르트는 충동적 성향이 강하고 감수성이 예민한 작곡가였다. 그는 귀족들에게 음악 레슨을 하거나 궁정 교회에서 봉사하면서도, 자신에게 맞지 않는 근무환경을 참지 못하고 금세 그만두곤 했다.

슈베르트의 경우 처음에는 오페라나 교향곡으로 명성을 쌓기를 원했고 그것 때문에 다양한 후원자를 만났지만 별로 평판이 좋지 못했다. 한번 맺은 관계를 길게 유지하려고 노력하지 않았기 때문이다.

예술가들도 "기가 빨린다"는 말을 자주 한다. 대등한 관계인 것 같은데 알고 보면 가치 없이 누군가에게 퍼주고 있는 상황을 가리킨다. 모차르트나 슈베르트는 말로만 자신을 높게 평가한다고 말했던 여러 사람에게 속으며 살았다. 가장 큰 원인은, 그런 유력자들 주변에 있으면 언젠가 빛을 볼 날이 올 것이라고 기대했던, 본인들의 순진한 마음 탓이다. 성공을 위해 자신과 한 배를 탈 수 없는 사람과 연대한 결과다. 상대의 말만 믿고 무작정 헌신하면 나도 모르게 '헌신짝'이 되고 만다. 콘텐츠는 없고 정치만 남은 관계의 끝엔 공허함 뿐인 것이다.

반면에 은둔형 작곡가로 평가받는 바흐(*Bach*)는 폴란드 왕에게도 궁정 음악가 칭호를 받고 여러 사람들이 앞다투어 그를 고용하려고 했다. 의외로 사회생활을 잘한 케이스다. 욕을 먹을 때는 먹고, 함께 할 때는 하고, 처신이 분명한 작곡가가 바로 바흐(*Bach*)였다. 그의 음악 전체가 그렇듯이 그는 '스토리'를 지향하는 삶을 살았다. 후손에게 이야기로서 가치가 없는 행적은 남기지 않으려 했던 그의 모습이 관계에서도 드러난다.

을이여, 콘텐츠 없이 '무작정 자원'을 제공하지 마라

작곡가들은 17~18세기 사회에서 '을'이었다. 을이 '갑'에게 극도로 의존하는 상황 속에서 '기를 빨리지' 않으려면 나름대로 차별화 전략을 세우고 상대방에게 자신의 '의미'만 부각시켜야 한다. 무작정 자원을 제공하는 사람은 어디까지나 호구일 뿐이다.

MB 정부 시절 어느 총리 후보자의 청문회에서 재미있는 이야기가 회자된 바 있다. "사람 간에도 '안전거리'가 필요하다"며 후보자에게 단언했다던 야당 의원의 일화였다. 가만히 생각해 보면 콘텐츠 없는 관계에서 일방적인 조력이 생기는 가장 큰 원인은 극도로 높은 상호의존성 때문이다. '안전거리'가 없기 때문에 생긴 문제들이다. 상대방이 없이는 절대, 문제 해결이 안 된다는 생각 때문에 오히려 도움을 주고 집착하게 되는 것이다. 그러는 사이 교섭력을 잃어버리게 된다.

호구가 되는 가장 큰 원인은 결국 자신의 이기심 때문이다. 스스로 노력하지 않고 타인과의 관계 속에서 쌓인 '정'이 상호 호혜성(*Reciprocity*)으로 바뀔 것이라는 순진한 기대는 의도치 않게 피해자와 피의자의 관계를 만들어 낸다. 당연히 더 많이 상처를 받는 쪽은 '준 사람'이다. 이는 작곡가들의 삶 속에서도 잘 드러난다. 자신의 창의성을 상업적으로 잘 포장해 줄 것이라고 후원자들에게 기대했던 모차르트, 슈베르트는 결국 배신당했고 어떻게든 혼자서 길을 개척해 보려고 애썼던 바흐는 '음악의 아버지'로 이름을 남겼다.

파란만장한 작곡가들의 뒷이야기에서 당신은 지금까지의 인간관계를 되돌아보는 계기를 마련할 수 있다. 스스로 호구가 되지 않으려면 누군가와 맺고 있는 관계 속에 콘텐츠가 얼마나 풍부한지, '안전거리'는 확보되었는지 점검해야 한다.

수많은 우리의 관계들은 지나치게 정치화(*Politicalization*)되어 있다. 자본주의는 이익 중심으로 만들어진 네트워크의 힘을 신봉하기에 인생에서 도움이 될 사람들 위주로 핸드폰 전화번호부가 꽉 차게 마련이다. 그러나 이들은 수가 틀리면 금세 당신의 '망'(*網*)에서 벗어날 준비를 할 수 있다. 그러므로 철학적 공감이 없는 관계, 당장 이득이 따를 것처럼 보이나 알맹이는 없는 관계들은 과감한 '절식'(*絕食*)의 대상이 되어야 한다.

카카오톡은 당신의 위기가 되기도 한다

"SNS는 인생의 낭비다"*(알렉스 퍼거슨)*.

영국의 프리미어 리그를 이끄는 강력한 축구팀 중 하나인 '맨체스터 유나이티드'*(Manchester United)*의 감독으로 오랫동안 지냈던 '알렉스 퍼거슨'*(Alex Ferguson)*은 모바일 폰으로 SNS 사용을 즐기는 선수들을 염려했다. 트위터로 자신의 동료 선수에 대해 비난하거나, 메신저 내용, 페이스 북 이미지 등이 해킹 당해 곤란을 겪고 있는 모습을 보면서 "아예 쓰지 마라"는 조언을 하기에 이르렀다. 그 결과 나온 말이 "SNS는 인생의 낭비다"라는 극단적인 표현이다. 온라인 공간에 정기적으로 자신의 이미지나 영상, 글 따위를 공유하는 것만 문제가 되는 게 아니다. SNS의 범위를 모바일 메신저, 게임 등으로 넓혀 보면 퍼거슨 감독의 염려가 얼마나 현실적인지 알 수 있다.

"문자도 아닌 것이… 그렇다고 전화는 더더욱 아닌데…"

모바일 인스턴트 메신저*(Mobile Instant Messenger)*, 또는 모바일 메신저가 처음 나왔을 때 사용자들이 보였던 반응이다. 당시 통신업계는 사용자들끼리 주고받는 대화에 전혀 과금이 되지 않는 모바일 메신저를 충격적으로 받아들였다. 그때까지만 하더라도 전화 사용료는 통신사들에게 중요한 수익원 중 하나였기 때문이다. 캐치콜 서비스나 컬러링 서비스 등으로 벌어들이는 이익도 쏠쏠했다.

IT업계에서 2000년대 초중반까지는 통신사가 '무한갑'으로 영향력을 행사하는 시대였다고 해도 과언이 아니다. 일단 플랫폼 즉, 수많은 콘텐츠가 유통될 수 있는 틀을 갖고 있으니 막강한 위력을 행사할 수밖에 없었던 것이다. 모바일 메신저는 이런 통신사들의 핵심 수익원에 정면 도전하는 콘텐츠였다. 카카오톡은 그 대표적인 사례였다.

모바일 메신저가 생활 밀착형으로 다가온 까닭은?

가장 중요한 특징은 '실시간성'이었다. 이전의 문자도 사용자들끼리 메시지가 오가는 데에 시간이 많이 걸리지 않았지만 약간씩 틈이 있었던 것은 사실이다. 게다가 상대방이 문자를 수신했는지 그렇지 않은지 확인하려면, 일부러 특정 서비스에 가입하거나 핸드폰의 기능이 지원되어야만 가능했다. 그러나 모바일 메신저는 수시로 상대방이 나의 메시지를 확인했는지 '상태 표시'로 알 수 있다. 내가 얼마나 상대방과 끈끈히 대화를 이어갈 수 있는지, 화학적인 상호작용은 잘되는지, '상태 표시'의 소통 방식을 통해 알게 되었다.

이런 장점들은 상대방과 무료로 대화를 주고받는다는 것 이상의 의미를 지닌다. 나와 상대방의 관계가 얼마나 끈끈한지 평가해 볼 수 있는 지표 역할을 하기 때문이다. 게다가 유저 인터페이스*(User Interface)*상에서 대화의 흐름이 끊긴다는 느낌이 들지 않고 자연스럽게 이어지니, 모바일 메신저는 소통을 갈구하는 현대인들에게 매력적인 콘텐츠가 될 수밖에 없었다. 스마트폰에 민감하지 않은 어른 세대도 모바일 메신저로 대화하게 된 것은 물론 '단톡방'을 통해 여러 사람이 함께 소통하는 것에 대해 익숙해진 40~50대도 많다. 웃긴 동영상 링크나 새해 인사용 이미지는 오히려 중장년 사이에서 더욱 인기있다. 단톡방에 재미난 컨텐츠를 주기적으로 제공하는 사람이 '컴퓨터도 잘 쓰고 트렌디한 친구'로 인식되고 있는 것이다. 처음에는 저항감도 있었다. 다채로운 색깔, 가벼운 느낌을 주는 디자인 등 지극히 '젊은 세대'를 지향한 감성이, 전문가들끼리의 업무 대화에 맞지 않는다는 평가 말이다. 그래서 사적인 대화를 할 때는 모바일 메신저를 활용하더라도 공적인 상황에서는 문자를 보내는 게 통례처럼 받아들여졌다. 또, 전화번호만 있으면 무한대로 말 걸기가 가능한 모바일 메신저의 특성을 피곤하게 받아들인 사람들은, 굳이 자기 대화명에 "OO 안 씁니다"라는 말을 내걸기도 했다. 그러나 대세는 굳어졌다. 그룹 채팅방, 파일 전송 기능, 심지어는 자신의 사진이나 영상 등을 전시할 수 있는 '큐레이션'*(Curation)* 기능 등이 추가되면서 사실상 중·노년의 사용자들도 모바일 메신저에 익숙해졌다. 시간이 지날수록 적극적인 사용자 비율도 젊은 세대 못지 않게 늘어나고 있다.

스마트폰 대화의 부작용, 타인이 대화 내용 캡처하는 경우

그에 따른 부작용도 있다. 둘만 나누어야 할 카톡 대화 내용이 온라인 상에서 공유되는 경우가 많아진 것이다. 언제 부터인가 카카오톡 사용자들을 중심으로 핸드폰에서 상대방과 나누던 대화를 '캡쳐'*(Capture)*해서 공유하는 것이 확산됐다. 원래 캡쳐 화면은 대화 상대방과의 친밀감을 과시하기 위한 수단으로 활용됐다. '우리는 이정도야'라는 표시였던 것이다. 그러나 캡쳐 화면을 악용하는 경우가 생겨나기 시작했다. 상대방의 발언을 꼬투리삼아 비난하기 위해서, 부정적 감정을 토로하기 위해서 카톡 대화를 온라인에서 공유하는 사례가 빈번해졌다. "야, 얘가 이렇게 이야기하더라. 어쩜 인간적으로 이럴 수 있냐?"라고 하면서 상대방이 한 말을 빼도 박도 못하게 하는 기제로 작동하게 된 것이다. 모바일 메신저 때문에 의가 상한 사람들도 많을 것이다. 이곳저곳에서 다른 말을 하는 게 사람 생리라고들 하지만 그런 현실을 눈으로 고스란히 보여준다는 건 참담하기 그지없는 일이니까.

"복수할 거야." 2015년 초 대한항공 전무, 조현민 씨가 법정 구속된 자신의 언니, 조현아 전 부사장에게 보낸 카카오톡 대화 내용이었다. 검찰이 조현아 전 부사장의 물품을 압수수색하는 과정에서, 동생 조 전무의 메시지가 또 다른 증거물로 발견된 것이다. 한때 임직원들에게 '전무'명의로 반성과 참회의 자세를 촉구하는 '이례적인' 행동을 보였던 조 전무가 정작 집안에서는 자신들에게 부끄러움을 주고 있는 사람들을 응징하겠다는 모습은 대중들을 경악케 했다. 아마 검찰 쪽에서도, 카카오톡 캡쳐 화면이 사회문화적으로 어떤 기제로 작동하는지 잘 알았기에, 해당 대화 내용을 공개한 것은 아닐까 싶다. 국정감사 때마다 국회의원들의 딴짓 아이템 중 하나로 떠오르는 것 역시 모바일 메신저다. 상대 당 의원의 공격적인 발언 자세를 뒷담화로 비난하거나, 다른 사람과 몰래 대화를 나눌 때 종종 사용된다. 문제는 사진기자들이 360도로 현장의 동향에 예의주시하고 있는 와중에도 이 매체를 공공연히 사용한다는 것이다. 남의 메신저 대화 내용을 몰래 보는 사람들에게도 문제는 있겠지만, 조심성 없이 낯부끄러운 대화를 누군가와 주고받는 모습은 확실히 입법 전문가가 보여줄 태도는 아니다. 몇몇 의원들은 혼외 연인으로 의심받을 수 있는 여성과의 대화 내용이 기자의 카메라에 포착돼 곤혹스러운 상황을 겪기도 했다. 엄연히 국회의원도 국민의 한 사람이고 사생활을 갖고 있는 사람이지만, 그 스스로 오피니언 리더라는 사실을 자각한다면 모바일 메신저 대화 내용도 상당히 신중하게 관리해야 하는 것이다. 모바일 메신저 세계에서는 한 번 설화(舌禍)는 영원한 설화가 되고 한 번 실수는 일파만파를 낳는다.

피처폰 고집하거나 모바일 메신저를 이탈하기도

이런 '화'의 근원이 결국은 스마트폰이라고 생각하여 일부러 피처폰을 쓰는 국회의원이나 경영자들도 종종 목격하게 된다. 중요한 의사결정과 관련된 내용은 전화를 통해 나누고 그 이외의 시간에는 모바일 기기를 이용하지 않겠다는 방침을 갖고 있는 경우다. 업무 성과와 집중력 면에서는 상당히 바람직한 선택일 수도 있다. 다만, 스마트 세상에서 그 결심이 오래 가기는 쉽지 않을 것이다.

이런저런 문제 때문에 최근 전화번호만 있으면 무한대로 사람들과 대화를 나눌 수 있는 모바일 메신저를 이탈하는 사용자들도 포착되고 있다. 서비스 제공자 입장에서는 곤혹스러운 부분이기도 하다. 과거 한국형 창조경영의 모범 사례로 손꼽혔던 SNS인 싸이월드가, 사용자들의 이탈 추세가 지속되어, 지금은 영향력을 거의 잃어버린 모습이 꼭 남의 일만은 아니기 때문이다.

메신저 대화에서 '잊혀질 권리'를 보장 받을 수 있어야

아무리 말 실수는 주워담을 수 없다지만, 잊혀지지 않는 것도 사용자들에게는 심각한 고통이다. 그래서 '잊혀질 권리'를 담은 새로운 형태의 메신저가 속속 등장하기 시작했다.

일정 기간 후에 메신저 내용이 자동으로 삭제되거나 보낸 메시지를 다시 회수할 수 있는 기능이 포함된 서비스이다. 아직 국내에서는 이렇다 할만한 성과를 내지는 못했지만 외국에서는 폭발적인 반응을 얻고 있다. 전세계적으로 '잊혀질 권리'에 대한 관심이 지대하다는 반증이기도 하다.

의사결정자들에게도 '잊혀질 권리'는 정말 소중하다. 모바일 메신저 대화 내용이 주요 인사의 사법 처리 과정에서 중요한 분석 대상으로 다루어지고 있는 만큼 어디까지 개인의 사생활과 관련된 영역이고, 어떤 부분이 공적인 책임을 갖고 있는 영역인지 명확한 검증이 필요하다.

정부 입장에서도 '괴담'이 퍼지는 것을 막겠다고 무작정 불어나는 대화 내용들을 의심할 게 아니라, 사용자들이 적절히 수위를 조절해 가며 대화를 나눌 수 있는 시스템이나 기능 등에 대해서 제언해줄 필요가 있다. 어쨌거나 기술적인 처방은 규제에 비해 사용자가 훨씬 자연스럽게 받아들이는 것이 사실이다. 앞으로도 사람들은 수많은 대화를 나눌 것이다. 모바일 메신저가 대화의 좋은 '장'의 역할을 하기를 기대한다.

마지막으로, 사용자들은 모바일 메신저에서 대화를 나누느라 일상 속 오프라인 대화를 경시(輕視)하고 있는 것은 아닌지 점검해 보아야 한다. 사이버 공간 속 대화는 습관적인 소통과 단순 정보 전달에 치우칠 위험이 높으며 사람들이 언어의 다양한 맥락에 무감각해지게 할 수 있다. 한 달에 한 번쯤 '디지털 디톡스'*(Digital Detox)*를 시행해보는 건 어떨까. 값지고도 순수한 대화의 가치를 인식하기 위해서 말이다.

권태에 대하여

“애인의 거짓말 때문에 고통 받은 남자의 경우처럼 진실은 친화성이나 선의지를 통해서 찾게 되는 것이 아니다. 진리는 어떤 사물과의 마주침에 의존하는데, 이 마주침은 우리에게 사유하도록 하고 참된 것을 찾도록 강요한다” *(들뢰즈)*.

오랜 기간을 함께 한 커플, 예전만 못한 애정 정도를 놓고 ‘권태기’라는 표현을 쓴다. 권태*(倦怠)*의 사전적인 의미는 어떤 일이나 상태에 시들해져서 생기는 게으름이나 싫증이다. 따라서 오래된 연인의 권태기란 서로에게 시들해져서 생기는 게으름이나 싫증을 의미하는 것으로 해석할 수 있겠다.

일반적으로 서로 알고 지낸 시간이 길수록 '새로움'을 발견할 가능성은 줄어든다. 습관이 다 그러하듯 습관성 관계 역시 특별한 노력을 요구하지 않는다. 주말에 만나서 영화를 보고 함께 밥을 먹는 일이, 몇 주 전부터 시간을 내서 약속을 잡지 않더라도, 너무나 당연하게 받아들여지는 것처럼. 어찌 됐든 가장 경제적인 관계임에는 틀림없다. 연애 초기에 하듯이 '이런 영화를 좋아할까? 내가 이렇게 말하면 어떻게 반응할까?'라는 답을 알 수 없는 고민들로 밤을 지새울 필요가 없으니까.

프랑스의 철학자 '들뢰즈'*(Gilles Deleuze)*는 〈프루스트와 기호들〉에서 진실을 찾는, 즉 생각하게 되는 사람은 "애인의 거짓말에 고통 받는 질투에 빠진 사람"이라고 말한다. 물 흐르듯 흐르는 일, 특별한 생각을 필요로 하지 않는 습관은 자연스러운 것이다. 그런데 '이쯤에는 이렇게 할 것이다'라는 대전제가 틀어지는 예측 불가능한 상황으로 치닫게 되면 어떨까? 사람은 통제되지 않는 것에 대해 불안감을 가진다. 통제 불능은 위험으로 자각되기 때문이다.

사실 아무리 오래된 연인이라 할지라도 사람을 통제한다는 건 비현실적인 생각이지만, 우리는 상대방과 함께 한 시간이 많을수록 그를 잘 안다는 착각에 깊이 빠지게 된다. 그리고 그를 통제 가능한 대상으로 인식하는 경향이 생긴다. 그래서 내가 정한 상대방의 이미지와 어긋나는 모습을 발견하게 되면 당황한다. 오랜 연인이 평소답지 않게 빨간 립스틱을 바르고 한껏 차려 입은 모습을 발견했을 때, 처음엔 놀라고 그다음엔 의심하기 시작한다. '나와 있을 때는 저런 모습 보인 적 없는데 갑자기 왜 저러지? 누구한테 잘 보이려고 그러지?'같은 생각이 머릿속을 뱅뱅 도는 것이다. 바로 이 대목에서 들뢰즈가 말한 '사유'가 작동한다. 상대방을 지금까지와는 다른 새로운 시각으로 바라보게 되는 것에서부터 생각이 시작되는 것이다.

가만 생각해보면, 권태란 게으르기 때문에 생기는 게으름인 것은 아닐까 싶다. 일부 커플은 결혼 후에도 연애하는 기분으로 살기 위해 상대방의 사생활을 최대한 존중하려고 애쓴다.

예를 들면 하루 종일 집에서 가사일로 힘든 아내를 위해 '그녀만의 공간'을 만들어 주는 식으로 말이다. 전업주부에게 집은 거주 공간인 동시에 일터이다. 주부가 집에서 가장 좋아하는 공간은 주방일수도, 안방일수도, 서재일수도 있다. 사실 어디인가는 중요치 않다. '온전한 나만의 공간이냐'가 핵심이다. 당연히 규모도 상관없다. 주부들이 1평도 안 되는 베란다, 안방 한구석을 뜨개질 거리든 재봉틀이든 공예공간이든 본인의 취향에 맞춰 꾸미려 하는 이유를 바로 여기서 찾을 수 있다. 그 곳에 들어서면 타인에 의해 정의되지 않는, 100% 나로서 존재할 수 있게 되기 때문이다. '분리된 공간'이 존재한다는 사실은 상대방에게도 영향을 미친다. 금남 또는 금녀의 구역이 풍기는 이미지처럼 알 수 없는 비밀을 하나쯤은 간직하고 있을 거라는 일종의 기대감을 심어 주는 것이다.

아무리 살을 부대끼는 남편이라도 모든 것을 공유하고 싶어 하는 아내는 많지 않다. 아무리 가족이라 해도 말하고 싶지 않은 부분이 있다면, 알고 있더라도 모른척하고 넘어가는 정도의 센스가 있어야 한다. "가족끼리 왜 이래?"라며 꼬치꼬치 캐묻거나 일일이 간섭하려는 행동은 백년해로를 약속한 부부라고 해도 가혹한 처사이다.

설령 사소한 것 하나까지 모두 다 알고 있다 한들 그 사람의 100%를 이해한다는 건 불가능하다. 상대방의 정보를 100% 가진 것과 상대방을 100% 이해하는 건 완전히 다른 문제다. 본인도 '내가 이런 사람이었나?'싶은 순간이 종종 찾아오니, 내가 저 사람을 완전히 알고 있다는 전제 자체가 애초에 성립되지 않는다. 이런 이유로 평생을 함께 할 부부든 오래된 연인이든 권태란, 익숙해졌지만 더 열심히 서로를 탐구하지 않은, 게으름의 산물이다.

당신이 이 챕터의 '권태'란 대목에서 눈을 크게 뜨고 책 앞으로 달려들었다면, 권태의 주인공이리라 사료된다. 그래서 다시 짚어주겠다. 당신이 시들시들한 관계의 끝을 잡고 고군분투하고 있는 이유는 두 가지다. 첫째, 게을러서 이 관계를 끝내는 것조차 미루고 있거나 둘째, 게을러서 관계를 변화시키려는 노력을 미루고 있거나.

이제, 결단이 필요한 순간이다. 권태는 결국 습관으로 인한 것이다. 누군가를 늘 똑같은 방식으로 상대하고 있다면, 그 습관을 청산하기 위해 노력해야 한다.

위기 때에도
원칙이 있다

"내가 먼저 죽겠다. 나와 같이 죽지 않을 자는 도망가도 좋다"*(사마의(司馬懿))*.

"산 중달이 죽은 공명을 보고 도망가다"는 일화로도 유명한 위나라의 사령관 사마의*(司馬懿)*는 사실, 제갈량 못지 않은 지모와 천운을 가진 사람이었다. 그런 그에게도 이따금 혹독한 실패가 찾아오곤 했다.

대표적인 사례가 기산*(岐山)*에서 대군을 이끌고 온 제갈량과 싸울 때였다. 그를 포위해서 물리치는 데 고심했던 사마의는 촉군이 전략적으로 불리한 곳에 진을 쳤다는 이야기를 듣고 대군을 출정시켰다. 그러나 몇 시간 지나 사마의의 판단은 착오임이 드러났다. 위군의 본진 병력을 약화시켜 오히려 역공을 감행하기 위한 전략이었던 것이다. 금세 위나라 본진은 불길에 휩싸였다. 주변의 영채(營寨)들도 촉군에게 속속 점령되었다. 조조를 도와 삼국의 분립을 확실히 하는 데 기여했고, 위나라가 3대 황제를 맞이하기까지 체제를 공고히 했던 책사 사마의는 '이제 죽을 때'라고 여겼다. 그리고 모든 부하들에게 "내가 먼저 죽겠다"고 영을 내렸다고 한다.

위기 속에서 도망치지 않는 리더를 버리고 가는 군졸들은 없었다. 때마침 비장한 군사들의 각오를 읽은 사마의의 둘째 아들 사마소가 노래를 부르기 시작했다. 그 옛날 진시황을 죽이러 북쪽의 역수를 건넜던 형가가 남겼다는 시가(詩歌)였다.

"바람은 쓸쓸하고 역수는 차가우니, 장사는 한 번 가면 다시 돌아오지 않으리."

일단 사마의는 군사들이 죄책감에서 벗어날 수 있도록 도망갈 권리를 보장했다. 그러나 사령관인 자신은 위기 속에서 끝까지 싸우다 죽겠다는 의지를 피력했다. 리더가 솔선수범하는 모습을 보이자 군졸들의 사기는 하늘을 찔렸다. 사마의의 둘째 아들 사마소는 군사들에게 형가의 노래를 부르며 한 마음, 한 뜻으로 위기를 이겨 나가자고 제의했다. 그리고 모두의 동기가 강화되자 둘째 사마소가 '한 마음'으로 상황을 돌파하자는 결의를 제안했다. 과감한 희생과 일체 의식이 맞물려 위군은 각오를 다질 수 있었다. 거기에 천운까지 겹쳐 비가 내렸고 싸움은 위군의 승리로 끝났다. 그리고 이 일로 인해 촉나라는 북벌(北伐)을 단념해야 할 만큼 수세로 몰렸다. 전군이 몰살당할 각오를 했다가 되살아났으니 자신감이 충천하는 것은 당연했다.

껍데기만 남은 위기관리, 극복하라

요즘 들어 기업마다 비상경영이 화두다. '위기'때가 되면 제일 먼저 임직원들의 출근 시간이 빨라지고 퇴근 시간이 늦어진다. 주말 출근은 필수다. 필자의 지인인 어느 기업의 2년 차 상무는 "아들 얼굴이 기억이 안 난다"는 푸념을 토로하기도 했다. 토요일까지 야근을 하는 조직의 비상경영 체제 때문이다. CEO가 부지런한 천성을 가진 인물이면 임원들은 더욱 피곤해 진다. 최고경영자가 회사에 도착하기 1~2시간 전에 착석하는 것은 필수고, 예정보다 앞당겨 아침 회의를 시작하는 것도 감수해야 한다.

비상경영은 '철밥통'으로 통하는 공직자들도 피하지 못하는 숙명이다. 청와대는 일요일까지 출근하는 경우가 많다는 게 담당자들의 후문이다. 어느 수석비서관은 중요한 전화가 걸려올까봐 식사 도중에도 휴대전화를 향한 시선을 내려놓지 못했다는 이야기까지 들린다. 이쯤 되면 비상경영은 과도한 긴장과 한국 특유의 군대식 조직 문화가 만들어낸 산물인 것만 같다.

그러나 여기에는 장점도 있다. 일단 내부적으로 조성된 위기를 통해 과거의 성과를 비판적으로 돌아보고 더 '열심히' 하려는 유인을 심어주는 것이다. 경영학자 '제임스 마치'*(James Gardner March)*는 '열망 수준'*(Aspiration Level)* 이론을 통해 과거를 부정적으로 바라보는 조직의 기억 성향이 혁신, 위험 감수, 실험을 필요로 하는 미래 전략에 긍정적 영향을 미칠 수 있다고 언급하기도 했다.

실제로 어느 기업 오너는 "10년 뒤를 생각하면 밤에 잠을 잘 수 없다"며 조직원들 사이에 긴장을 유도하기도 했다. 비상 경영 체제는 조직이 위기를 인식함과 동시에 구성원들이 머리를 맞대고 고민을 공유하며 혁신으로 나아가는 통로가 될 수도 있다.

비상경영에도 원칙 있어야 한다

비상 경영이 항상 긍정적 결과만 낳는 것은 아니다. 2015년 7월 모 대기업의 '출근 시 커피 금지' 조항이 일간지를 통해 보도된 바 있다. 직원들이 회사에 들어오기 20~30분 전에 사는 커피가 업무 시의 긴장감을 떨어뜨릴 수 있다는 게 주된 원인이었다. 이른바 '군기잡기'다.

비상 경영은 조직이 자원의 한계*(Resource Constraint)*를 느끼는 상태에서 새로운 솔루션을 확보하기 위한 전략이 되어야지, 구성원들을 윤리적으로 규제하기 위한 준칙이 되어서는 안 된다. "조금 지나면 나아지겠지 뭐, 다들 주말에도 근무하니까 눈치껏 행동하자"는 방관적인 자세를 갖게 할 수 있기 때문이다. "회사니까"라는 직장인들의 푸념 속에는 조직은 때때로 자신들이 정말 하기 싫어하는, 그리고 이성적으로 납득할 수 없는 행위를 강요하는 기관이라는 생각이 숨어 있다.

그 불만이 켜켜이 쌓이다 보면 어떤 조직의 조치도 설득력과 정당성을 얻기 어렵다. 그 때문에 비상 경영은 때때로 경제 뉴스를 너무 자주 보는 CEO의 변덕스러운 행동인 것처럼 여겨지기도 한다. 조직이 충분히 수익성을 확보하고 고비를 넘기면 '곧 풀릴 조치'라는 생각 때문이다. 진정한 의미의 리더십이 작동하지 못하는 순간인 것이다.

비상 경영이 진정한 혁신 전략이 되려면 어떤 요건을 갖춰야 할까. 일단 그 목표와 범위가 분명해야 한다. 삼국지의 주인공 중 한명인 조조(曹操)라는 인물을 들여다보면 비상 경영의 실마리를 알 수 있다. 그는 위(魏)나라를 건국하는 과정에서 숱한 기성세력과 갈등해야 했다. 그는 중국 대륙의 한복판인 하남성을 장악한지 얼마 되지 않아 남쪽으로 관심을 돌렸다. 그래서 196년 조조는 호북성(湖北省)에 해당하는 형주(荊州)의 유표(劉表)와 동맹을 맺고 완성(宛城)의 장수(張繡)를 치기 위해 남하했다. 그는 건안칠자(建安七子) 중 한 명으로 훗날 조조와 함께 한나라 말기를 대표하는 문인으로 이름난 군벌이었다.

조조가 전쟁을 계획한 때는 여름으로 접어들 무렵이라 군량이 금방 소진되고 군사들이 마실 물마저 떨어져 가는 상태였다. 완성으로 진격하기도 전에 병사들이 지치자 조조는 묘안을 생각해 냈다. "이 고개를 넘으면, 유명한 매림(梅林)이 있다. 최선을 다해 진군한 다음, 우리 모두 매실로 목을 축이자"라고 병사들을 설득한 것이다. 사실 조조의 말은 거짓이었다. 그러나 지쳤던 그의 부하들에게는 나름의 목표가 생겼다. 위기를 극복하고 나면 새로운 성과가 기다리고 있다는 믿음이 발현된 것이다. 매실은 단순히 순간의 기갈을 해결하기 위한 수단이 아니라, 완성을 정복한 이후 얻게 될 보상을 특정 시점의 관점에서 할인해서 보여준 것이었다.

그 이전부터 조조는 병사들을 극도의 상태로 몰아 시간을 단축시켜 진군한 다음, 파괴적인 속도로 적의 성을 함락하는 전술을 종종 사용했다. 비상 경영에 대한 조직원들의 시간 인지를 잘 노린 전략이었던 것이다. 이 일화는 훗날 '망매해갈'(望梅解渴)이라는 고사성어로도 남았다.

비상경영의 핵심은 윗사람의 솔선수범하는 자세

최근 들어 리더십 능력을 강조하는 교재들 중 상당수가 관리자들이 '함께 구를 것'을 주문한다. 경영의 고위로 올라갈수록, 현장과 멀어지는 게 사실이다. 오죽하면 어느 최고경영자는 "조직에서 제일 무식한 게 CEO"라고 말했겠는가. 자신의 지적 한계와 적응력 부족을 권력을 통해 극복하는 게 리더라는 말까지 있다.

물론 리더가 모든 실무를 맡고 일일이 관리 감독하는 관행은 그가 '주사 기질'이라고 비난 받기에 충분하다. 그러나 리더가 조직원들에게 한계 돌파를 강요하면서 자신은 뒷짐지고 있는 모습을 보이는 건 최악이다. 비상 경영의 진정성을 의심받을 수 있기 때문이다.

비상 경영을 위해 부하들을 독려하는 상사들이 조심해야할 부분이 또 있다. "눈치 보지 마라"는 것이다. 어디까지나 조직원들의 한계 극복을 권유하는 것은 그들의 권한이자 능력이다. 위기의 절실함을 강조하고 그 이후의 성과에 대해서는 협상적인 관점을 취하되, 비상 경영 자체가 옳은지 그른지에 대해서는 토론하지 않는 것이 좋다. 위기는 그 향배를 예측할 수 없기 때문에 의미를 지니고 있는 것이다. 백날 주말 출근을 하더라도 진정한 비상 경영의 효과를 발휘하지 못하는 이유는 '어차피 긴장 풀릴 텐데 뭐'라는 안일한 기대감이 이미 조직의 뿌리에 자리 잡았기 때문이다. 위기에 대응하는 과정에서 충분히 아랫사람을 설득하는 자세를 가져야 한다. 그러나 그 결과와 방향에 대해서는 전적으로 책임지겠다는 윗사람의 의지가 중요하다. '좌고우면'*(左顧右眄)*하지 말라는 이야기다.

가이드라인에 의존하지 말라

"道可道非常道 名可名非常名"

"도라 일컫는 것은 늘 도는 아니다. 이름이라 붙은 것은 늘 이름은 아니다"*(노자, 도덕경(道德經))*.

노자는 포스트모던 사상가들과 닮았다. 사람들이 당연시하는 가치와 철학이 정말로 '맞는 것인지' 계속해서 질문을 던졌다. 그는 언어의 강박을 좋아하지 않았다. 누구나 'A=B'라고 정의하고 싶어 한다. 그리고 자신이 그런 발언을 할 만큼 자격을 갖춘 사람이 되기 위해 열심히 공부하거나 일한다. 그러나 노자는 그런 시도 자체가 무의미한 것일 수 있다고 지적한다. 그에게 고정된 진실은 존재하지 않기 때문이다. 오히려 '도'(道)를 '도'(道)라고 이름 붙이는 순간, 그것의 원래 의미로부터 멀어지는 것처럼.

비슷한 현상이 오늘날의 콘텐츠 업계나 출판업계에서도 일어나고 있다면 논리적인 비약일까? 우리의 일상생활과 생각하는 방식에 엄청난 영향을 미치는 '예능 콘텐츠'들을 보자. 자막 없는 예능은 '앙꼬 빠진 찐빵'과 같이 느껴질 때가 있다. 재미를 극대화시키는 자막을 통해서 어떤 출연자가 우스꽝스러운 행동을 했거나, 조금 바보스러운 말을 했을 경우, 노련한 PD들은 '여기서 웃으세요'라고 친절하게 알려준다. 자막은 '장면의 감각'을 풍성하게 해 주는 효과가 있다. 그냥 흘러가버리고 나면 잊혀질 이야기들을 문자로 각인시킴으로써 시청자의 관심을 강하게 붙들어두는 것이다.

〈무한도전〉이나 〈삼시 세끼〉, 〈정글의 법칙〉과 같은 인기 있는 예능 콘텐츠들은 모두 엄청난 상상력과 아이디어에 기반을 둔 프로그램들이다. 그런데 이들 예능 프로에서 '깨알 재미'를 주는 자막들이 없어지면 시청자들은 그 콘텐츠를 지금처럼 온전히 즐길 수 있을까? 자막은 시청자들이 쉽게 상황을 받아들일 수 있도록 해석해 준다. 그리고 PD나 작가들이 생각한 대로 시청자들이 내용을 받아들이도록 유도한다. 일종의 '생각 가이드'인 셈이다.

실제로 산업계, 학계에서는 〈비정상회담〉, 〈썰전〉, 〈무한도전〉등의 예능 프로그램에 걸맞은 자막 배치와 디바이스 화면 크기 등을 연구하기도 한다. 사람들이 가장 자연스럽게 느끼는 자막과 장면 간의 조합을 탐색하고, 궁합이 잘 맞는 것들끼리 섞어서 콘텐츠를 만들면, 시청자들이 더 좋아할 것이라는 믿음이 있기 때문이다.

생각의 가이드가 긍정적이지만은 않은 이유

'자막'은 밋밋한 장면을 풍성하게 감상할 수 있는 여지를 제공함과 동시에 의미를 제한시키는 역할을 하기도 한다. 다시 말해서, 시청자가 콘텐츠를 감상하면서 다양한 관점을 즐길 만한 여유를 보장하지 않는 것이다.

자막이 지향하는 스토리라인은 매우 평면적이고 머릿속에 각인되기 쉬운 것들이다. 깊은 맛과 재미를 느낄 만한 여지가 매우 적다. 예능 시청자들은 같은 프로그램을 두세 번 이상 보지 않는다. '재방'된 예능 콘텐츠들이 유난히 '본방'에 비해 재미가 떨어지는 이유도 그 때문 아닐까? 재방 콘텐츠들은 그 자체로서 작품이라기보다는 공산품의 감성에 더 어울린다. 물론 가이드가 존재하지 않는 열린 결말의 콘텐츠라면 얘기는 달라질 수 있다. 여러 번 돌려 본 영화를 떠올려보자. 혹시라도 놓쳤을지 모르는 장면, 상징을 찾아내 '새로운 해석'을 내놓는 것 자체로 얼마나 짜릿했는가.

비슷한 논리로 우리의 삶이 지향해야 하는 바를 지시하는 듯한 자기계발서들을 생각해 보자. 그것도 역시 일종의 '생각을 제한하는' 결과를 낳는다. 사람들이 모호하게 느끼는 문제, 어려워하는 이슈 등을 두 세 가지로 명쾌하게 정리해 주고, 독자 스스로 변화할 동기를 갖게 하는 수단이 바로 자기계발서다.

무라카미 하루키는 〈색채가 없는 다자키 쓰쿠루와 그가 순례를 떠난 해〉라는 소설에서 자기계발서야말로 새로운 시대의 '종교'라고 이야기하기도 했다. 작품 속 등장인물 쓰쿠루가 크리에이티브 비즈니스 세미나*(Creative Business Seminar)*가 뭐냐고 묻자 사라는 "이름은 새롭지만 기본적으로는 자기 계발 세미나와 별반 다르지 않아. 요컨대 기업 전사를 양성하기 위한 즉석 세뇌 코스. 경전 대신에 매뉴얼 북을 활용하고, 깨달음이나 낙원 대신에 출세와 고임금을 약속하는 거야. 실용주의 시대의 신흥 종교라고나 할까. 그러나 종교처럼 초월적인 요소는 없고 모든 것이 구체적으로 이론화되고 수치화되어 있어. 아주 깔끔하고 알기 쉬워. 거기서 긍정적으로 고무된 사람도 적지 않아. 그러나 일관적으로 달콤하고 편리한 사고 시스템의 최면적 주입이라는 데는 변함이 없지. 이론도 숫자도 목적에 맞는 것만을 교묘하게 짜깁기한 거야(중략)"라고 답하는 대목이다.

이리저리 흔들리는 유동적이고 불확실한 영혼들에게 앞으로 살아가야 할 방법을 알려준다니, 얼마나 기가 막히고 안심되는 일인가. 특히, '불가능은 없다' 또는 '결혼을 잘 해야 오래 산다'는 식의 문구들은 답 없는 오늘의 삶을 '답이 있는 것'으로 만들어 준다.

그러나 현실은 다르다. 우리 삶은 정확히 앞이 보이지 않는 것이다. 오히려 답 없는 상황을 오롯이 받아들여야 하는 경우도 많다. 심리학자들은 인간이 그다지 합리적이지 않은 존재라고 말한다. 모든 정보를 완벽하게 가진 상태가 아니라, 자기가 경험하고 받아들일 수 있는 범주 내에서 생각하고 행동하는 게 인간이라는 것이다. 당신이 신봉하고 있는 '가이드라인' 역시 타인의 제한적인 식견에 근거한 것일 뿐이다. 누군가의 '가이드라인'에 의존한 삶 보다는 내가 '가이드라인'을 만들 수도 있다는 적극적인 자세로 살아가는 게 오히려 더 순리에 가깝지 않을까.

조언도
가려가면서 하라

"거만한 자에게 조언하지 말라. 너에게 해가 될까 두렵다"*(잠언 9:7, 성경)*.

기독교의 성경 중 한 권에 해당하는 '잠언'속에는 다양한 라이프 스타일과 관련된 조언이 등장한다. 누군가에게 보증을 서지 말라는 현실적인 이야기에서부터 자신의 장점을 실없이 홍보하고 다니지 말라는 경구도 있다. 그 중에 가장 '임팩트'있는 조언이 "아무에게나 조언하지 말라"는 것이다. 누군가에게 상담하기 좋아하거나 지식 서비스를 제공함으로써 살아가는 사람들에게는 꼭 필요한 자세가 아닐까 싶다.

역사 속에서 '조언자'들은 시대의 변화에 크게 기여했다. 과거 왕조를 창건한 군주들이 제일 많은 지혜를 빌렸던 전문가들은 승려들이었다. 고려 태조 왕건에게는 도선(道詵) 스님이, 조선 태조 이성계가 한양(漢陽)을 도읍으로 정하기까지 많은 영향을 미쳤던 인물은 무학(無學) 스님이 있었다. 이들은 조직의 공식 역할에 얽매이지 않은 외부 전문가들이었다. 방대한 데이터와 분야별 지식 간의 조합 능력으로 미래를 예측해 주는 혜안을 가진 인물들이기도 했다. 다양한 이해관계자와 접촉할 때에도 외교관 노릇도 하면서 중재자가 되기도 했다. 전문 지식과 함께 정치 조정 능력까지 갖춘 것이다.

일본도 사정은 마찬가지여서, 에도(江戶) 막부를 창건한 도쿠가와 이에야스(德川家康)도 텐카이(天海)나 스덴(崇傳)과 같은 승려들의 데이터 분석력과 인간관계에 대한 통찰을 빌렸다. 게다가, 가뜩이나 고민이 많은 의사결정자들에게 신통력이라는 명분을 빌어, 갈 길을 알려주었으니 통치자의 의존성은 더욱 강할 수밖에 없었다.

군주들이 지혜를 빌린 승려들은 '컨설턴트'의 원조?

오늘날 왕조시대의 '국사'들과 비슷한 역할을 하는 사

람들은 누구일까. 다름 아닌 컨설턴트*(consultant)*들이다. IMF 사태 이후 오너의 과감한 결단 중심의 기업집단 운영 방식이 좀처럼 통하지 않게 되자, 조직들은 외국계 컨설팅 회사에 자문을 구하기 시작했다. 그들이 주로 하는 일은 '베스트 프랙티스'*(Best Practice)*를 바탕으로 기업이 벤치마킹해야 할 대상을 정해주고, 선두 주자의 모습을 따라가기 위해 열심히 구조개혁을 단행 하라고 조언하는 것이었다.

그 결과가 비즈니스 프로세스 리디자인*(Business Process Redesign)*이라는 미명 하에, 대규모 정리해고를 한다거나, 부서를 없애고 새로운 하부 조직을 설립하는 것 등의 일이었다. 이런 일련의 작업 속에서 비즈니스 컨설팅 전문가들은 자신들의 클라이언트*(Client)*였던 대기업으로 이직하기도 했다. 이런 이유로, 컨설팅 산업은 젊은이들 사이에서 출세에 소요되는 기간을 단축하고 높은 급으로 조직에 참여할 수 있는 성공 경로로 불리곤 했다.

비즈니스 컨설팅 다음으로 주목받은 것은 단연 IT 컨설팅이다. 이들도 역시 데이터를 기반으로 자문하는 것은 마찬가지였다. 다른 점이 있다면 IT 컨설팅 회사들은 조금 더 세부적으로 기업의 가치를 개선하기 위해 내부 인프라를 전산화하는 과정에 관심을 기울였다. 그리고 효과적으로 정보화 자산을 관리하기 위해 최고정보책임자*(Chief Information Officer)*를 두고 조직의 위상을 강화할 것을 주문했다. 물론 이런 처방은 기업의 정보화가 일반 업무의 효율화를 지원하기 위해서라는 명분하에 강조되었다. 그러나 안타깝게도 비즈니스 컨설팅이나 IT 컨설팅 모두 고객들에게 지식이 이전되면서 '새로움'을 제공하지 못한다는 평가를 받기 시작했다. 현란한 PPT 결과물이나 다양한 주문 등으로 조직의 변화를 요구하기는 하지만, 특정 산업에 오랫동안 종사한 경험이 없는 컨설턴트가 현업 단위의 혁신을 주문하는 것이 맞지 않다는 비난도 거세졌다. 특히 에너지, 건설 등 보수적인 산업일수록 고유의 '업의 본질'을 강조하는 경향이 강해 외부 전문가가 자신들에게 이래라 저래라 하는 식의 자문을 실무 라인에서 불쾌하게 여겼다.

처음에는 경영진들도 자신들의 비즈니스를 객관화해보기 위해 컨설팅이 필요하다는 데 동의했지만 나중에는 자신들을 떠받쳐주는 실무 조직이 "더 이상 시사점이 없다"고 항의하자 계약 비용을 줄이는 데 관심을 갖게 됐다. 컨설턴트들이 제공하는 데이터가 특별한 가치를 발휘하지 못한다고 판단한 것이다.

클라이언트가 '듣고 싶어 하는 말'과 '들어야 할 말'을 안배하라

개인끼리 해주는 상담이든, 조직 차원의 자문이든 기본적인 요건이 있다. 누구나 듣고 싶은 말을 해주길 원한다는 것이다. 사람은 자신이 옳음을 확인하려는 심리적 편향성이 있다. 따라서, 스스로의 의사결정을 정당화하기 위해 다른 사람이 제공한 지식이나 데이터를 활용하려고 한다.

왕조를 창건하는 데 기여했던 승려들은 통치자가 보다 정확한 눈으로 경쟁 사회를 바라보게끔 유도하기도 했지만, 동시에 그들이 원하는 미래를 그려주기도 했다. 예를 들어 무학 대사가 계룡산도 개경도 아닌 '한양'이라는 지역을 이성계가 도읍으로 고르도록 주문한 이유는 무엇일까. 고려시대의 사회·경제적 자산은 계승하면서, 최대한 새로운 지역에서 국가 정체성을 만들려고 하는, 통치자의 욕구를 읽었기 때문이다.

고려 창건에 기여한 도선 국사도 왕건이 이해타산에 밝은 상인 가문 출신이라는 점을 정확히 꿰뚫었다. 신라를 통합할 때 일방적인 무력 행사가 아니라 김씨 왕족들과 진골 엘리트들을 상류층으로 껴안는 방식으로 진행하라고 주문한 것이다. 궁예와 견훤이라는 여러 영웅들을 상대하면서 자산을 엄청나게 소진한 왕건은, 구 신라가 갖고 있었던 경제력과 전문가 집단의 효율성을 이용하고 싶어 했다.

컨설턴트가 클라이언트의 욕구를 정확하게 읽으면 '을'이 아니라 '영원한 선생님'이 된다. 게다가, 공식적인 직책을 주어 등용하려는 시도를 적절히 거절하며 자신의 독립성을 지키면, 여러 사람들을 상대할 수 있는 교섭력도 갖게 된다. 기업들이 비즈니스 컨설팅이나 IT 컨설팅에 대한 의존 비중은 줄이고 해당 분야 지식을 생산하는 전담 부서를 만들고는 있지만 외부에서 아이디어를 갈구하는 성향은 여전한 게 사실이다. 그 이유가 무엇일까. 누군가는 '을'이 되고 있지만 누군가는 '갑'에게 '절대 갑'으로서 정치력을 행사하고 있기 때문이다. 데이터가 갖고 있는 콘텐츠의 독보적인 현실 조망 능력 못지않게, 클라이언트가 원하는 바를 정확하게 읽어 내고 잠재적인 욕구까지 가르쳐 주는 센스를 갖춘 사업자들이 실제로도 존재한다. 이를테면, 최근 급부상하고 있는 빅데이터 기반의 마켓 리서치나 오퍼레이션 컨설팅을 제공하는 기업들이 그러하다.

카리스마를 더하면 효과는 배가 된다

예언가들이 계속해서 비즈니스를 할 수 있는 이유는 그들이 내다본 앞날에 대한 정확성뿐 아니라, 확신을 심어준다는 것 자체에 많은 이들이 의미를 두기 때문이다. 한때, 대통령 선거의 향배를 잘 맞춘다는 스님이 있었다. 그는 당시 여당 대표가 대선후보한테서 받아, 자신에게 가져온 금일봉의 액수를 정확히 맞추었다는 소문이 있었다. 또, 그가 대통령을 시해한 전 중앙정보부장에게 자신의 라이벌을 조심하라며, '차'*(車)*를 경계하라고 했다는 소문도 있었다. 이런 이야기들이 시간이 흐른 후에도 여전히 회자되는 건, 예측력뿐 아니라 카리스마도 조언자의 협상력에 한 몫 함을 시사한다.

조직이론가 마이클 해넌*(Michael Hannan)* 스탠퍼드대 교수는 "인간은 누구나 '그럴 듯해 보이는'*(Taken-for Grantedness)* 진실을 원한다"고 말했다. 어쩌면 우리들 모두는 자신이 이미 답을 알고 있으면서 상대방에게 질문해 답을 확인하려는 습성을 가졌는지도 모른다. 이 사실을 아는 누군가는 어디선가 예언가 못지않은 카리스마를 발휘하며, 컨설팅 비즈니스를 잘 풀어나가고 있을 것이다.

정치권 · 직장에서 쓴 소리 할 때도 지혜를 발휘해야

이 같은 컨설팅 기법은 컨설팅 업에만 통하는 게 아니다. 정치·행정 분야와 모든 직장, 가정에서도 적용될 수 있는 원리이다. 정치권과 직장의 보스나 의사결정자에게 쓴 소리를 할 때도 그들이 '듣고 싶은 말'과 그들에게 '해줘야 할 말'을 적절히 안배해서 해야 한다. 그래야 실질적 효과를 거둘 수 있다. 진정성을 가진 조언으로 비치려면 무조건 부딪칠 게 아니라, 지혜를 발휘해야 한다. 말하고 지적하는 것 자체가 목적이 아니고 문제를 해결하고 일이 되도록 하는 것이 중요하기 때문이다.

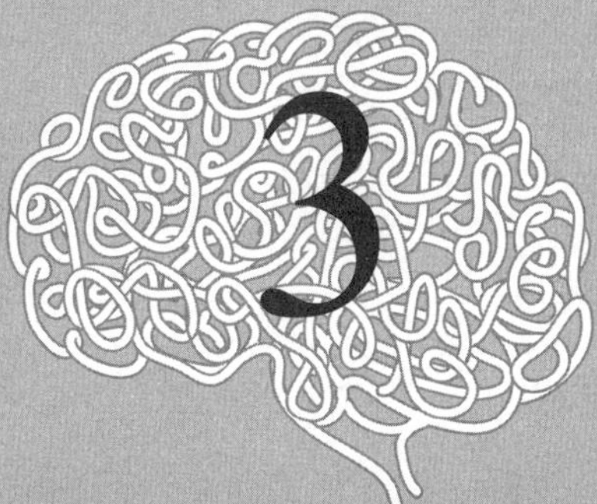

3

'마음 근육 훈련'

운동의 미학

"나는 소설 쓰기의 많은 것을 매일 아침 길 위를 달리며 배웠다. 내가 소설가가 되겠다고 작정하고 달리기를 시작하지 않았더라면 내 작품들은 많이 달라졌을 것이다" *(무라카미 하루키)*.

일본 작가 하루키는 세상 사람들이 놀랄 정도로 숱한 베스트셀러를 쏟아냈지만 정작 하루 중 글에 투자하는 시간은 그리 많지 않다고 한다. 업무 관계로 손님을 만나거나 책을 읽거나 강연 준비를 하는 등 글쓰기 이외의 시간이 훨씬 길다는 것이다. 그중에서도 하루키가 특히 중요하게 여기는 일과는 '달리기'이다.

그는 30대 초반 담배를 끊으면서 이런저런 주전부리를 찾기 시작했다. 그 탓에 점점 살이 오르자 다이어트를 해야겠다는 생각에서 달리기를 시작했다고 한다. '뚱보 소설가'가 될 수 없다는 일념은, 하루키를 마라톤 마니아로 만들었다. 그는 보스턴의 찰스 강변, 일본 교토의 가모가와 강변 등을 달리기 좋은 코스로 꼽고 기회 있을 때마다 그 곳을 달린다.

"글에 대해 투자하는 것만큼이나 몸에 대해 투자하는 시간이 많은 자신의 일상을 사랑한다"는 것이 하루키의 달리기 예찬이다. 60살이 넘은 고령에도 불구하고 그의 글이 20대 청년들까지 공감할 수 있는 젊은 시선과 섬세함을 유지할 수 있는 것은 어쩌면 철저한 자기관리와 운동에서 비롯된 것 아닌가 싶다. 군더더기라곤 하나 없는 그의 깔끔한 문체는 아마도 운동으로 단련된 건강한 육체에서 나온 것이리라.

운동 예찬 사회

SNS가 발달하면서 운동 예찬론이 힘을 받기 시작했다. "나 이렇게 스스로 가꾸는 사람이야"라고 주절주절 늘어놓지 않아도 '운동하는 사진 한 장'이 모든 걸 설명해주기 때문이다. 특히 여성들에게 운동은 자신의 신체적 강점을 드러내는 데 좋은 콘텐츠가 되기도 한다. 한동안 섹시한 컨셉을 유지하기 위해 글래머러스한 몸매를 강조하던 여성들이, '머슬녀', 즉, 운동으로 다져진 근육을 자랑하는 여자가 되고 있다. 가냘픈 몸매를 지녔던 미스코리아 출신 여성도, 운동으로 다시 유명세를 회복하고, 별로 인지도가 없었던 모델이나 방송인들도 새롭게 다져진 몸을 통해 자신의 또 다른 면을 부각시킨다.

표준 체중 이상의 사람은 한국 사회에서 점점 줄어들고 있다. 이제는 '살쪘다'는 말을 일종의 자기 힐난처럼 말하는 시대다. 별로 육체적으로 흠결이 없는 사람도 '몸이 불어났다'는 말을 통해 더 이상 비대해 지지 않으려고 애쓰는 게 사실이다. 통통해서 '귀엽다'는 말은 형체가 보기 싫을 정도는 아니지만 성적으로 매력있는 상황은 아님을 자조하는 표현으로 통하기도 한다. 자신의 물리적, 사회적 지위를 유지하기 위해 운동은 필수다. 철저한 자기관리를 하고 있다는 증거가 필요한 것이다.

운동은 마음을 지배한다

운동은 단순히 겉으로 드러나는 이미지뿐만 아니라 사람의 마음에도 영향을 미친다. 생리학적 연구들은 정기적인 운동이 우울증 성향과 분노 성향을 감소시키는 효과가 있다고 지적한다. '체화된 인지'*(Embodied Cognition)* 즉, 물리적 경험이 마음을 좌우하는 경향이 있다고 보는 이론의 관점에서도 '운동 결정론'은 어느 정도 설득력을 지닌다. 건강하게 단련된 몸은 사람이 어떤 위급 상황에 처했을때 자신을 지켜낼 수 있도록, 순발력을 발휘하게 한다는 점에서 그렇다. 그뿐 아니라 건강한 육체는 자신감*(Confidence)*의 기반이 되기도 한다. 소설 〈노인과 바다〉로 유명한 '헤밍웨이'*(Ernest Hemingway)*도 운동 애호가였다. 권투는 물론이고 낚시, 수영 등의 운동을 폭넓게 즐겼다. 건강해지기 위한 욕구는 자연 또는, 어려움을 헤쳐나가는 헤밍웨이 소설 속 주인공들의 심리와도 잘 맞닿아 있었다. 〈노인과 바다〉에서 그려진 큰 물고기와 싸우는 늙은 어부 또한 탄탄하게 관리된 몸과 근력이 아니면 가능하지 않은 모델이다.

그러나 몸의 외형에만 과도하게 치중한 습관은 때때로 자아를 왜곡시키기도 한다. SNS 데이터를 들여다보면 '운동', '피트니스'등에 대한 담론 중에서 유난히 눈에 띄는 것이 부담스럽다는 표현이다. 잘 키운 트레이너의 몸은 가지고 싶고, 또 자신에게도 실현될 수 있겠다는 느낌을 심어주지만 한편으론 '집착의 결과'가 아닌가 하는 우려를 갖게 한다.

방송이 주는 '다이어트 스트레스'도 상당하다. 배우나 개그맨들이 거의 운동 중독에 근접할 만큼 몸을 혹사하고 나서야 만족스러운 몸매를 갖게 되었다는 '경험담'은 듣기에 거북하다. 늘씬한 몸매로 '먹방'에 출연해서 사람들에게 먹기를 권하는 연예인의 모습은 '거의 병 주고 약 주기' 수준이다. 많은 음식 방송들은 시대가 더 이상 살찌는 음식을 선호하지 않음을 알고 전략적으로 마른 출연자들을 전면에 내세운다. 대다수의 음식 방송프로그램들은 아무런 심리적 저항감 없이, 먹는 모습을 통해 살빼기의 반대항인 '먹기'가 정당화될 수 있는 것처럼 연기를 한다. 이럴 수도 없고 저럴 수도 없는 사람들의 심리 속에 무엇이 자리 잡겠는가. 불안감이다. '먹는 것은 좋지만 이대로는 안 되겠다'는 마음뿐인 것이다.

극단 운동주의 경계하라

하루키나 헤밍웨이와 달리 운동에 탐닉한 소설가가 또 있었다. 바로 일본의 또 다른 문호 미시마 유키오(*三島由紀夫*)다. 그는 155센티의 작은 몸이 지닌 콤플렉스를 극복하기 위해 30대 초엽부터 과격한 운동을 시작했다. 몸에 자신감을 갖게 된 이후 그가 탐닉한 것은 극도의 디오니소스주의*(Dionysianism)*와 극우적인 성향이었다. 허약했을 때 가졌던, 금지된 것에 대한 욕망의 발현이랄까, 과거 사무라이를 모방한 행동으로 화제가 된, 그는 과유불급의 주인공이 되고 말았다.

몸은 우리 영혼을 담는 집이라고 한다. 멋지게 건강을 관리하는 것도 필요하지만 건전하지 못한 운동 습관은 자신을 파괴할 수도 있다는 사실을 명심해야겠다.

지금
이 고통이 멈추면
그게
정말 끝일까

"고통이 아니라 고통의 무의미함이 지금까지 인간에게 만연되어 있던 저주다"*(니체)*.

도저히 감내할 수 없을 것 같은 고통이 몰아친 순간, 많은 사람들이 신을 찾는다. "제발 이 고통을 멈춰 주소서!" 하루에도 열 두 번씩 가슴에 품어둔 사표 생각이 나는 직장인, 끝이 보이지 않는 취업 전선에 뛰어든 취준생 등 우리는 저마다의 고통을 견디고 있다. 그러나 고통의 강도를 표준화하거나 한계치를 획일화할 수는 없다. 다만, 한 가지 분명한 건 저마다 다른 '인내의 범위'를 넘어서는 경우 너 나 할 것 없이 '고통을 끝낼 방법'을 갈구하게 된다는 사실이다.

고통에서 탈출하는 방법 중 하나는 무감각해지는 것이다. 죽은 피부를 도려내도 아픔을 느끼지 못하는 것과 같이 무던해지는 것이 당장은 훨씬 편할 것이다. 그러나 무감각해진다는 건 선별적으로 고통에만 적용할 수 있는 게 아니다. 즐거움, 환희, 기쁨과 같은 긍정적 감각도 느끼지 못하게 된다는 얘기다.

나이에 비해 어른스러운 아이를 보고 우리는 '애어른', '애늙은이'라고 말한다. 생물학적 나이에 맞는 감성이 아니라 인생 다 산 것만 같은 분위기를 풍기며 어떤 자극에도 '그저 그렇게' 반응하는 경우를 가리키는 용어다. 어린 나이에 더 어린 동생을 돌보고 실질적 가장 노릇을 하는 경우엔 열 중 아홉이 '애어른 감성'을 가지고 있다. 엄마의 손길과 돌봄이 필요한 일곱 살짜리 아이로는 감당할 수 없는 '고통'이기에 스스로를 지키려 세상 풍파 다 겪은 어른 마냥 무던해질 수밖에 없는 것이다. 일종의 생존 본능인 셈이다. 삶의 즐거움을 좀 못 느껴도, 아픈 것보다 낫다고 생각한다면 '무던해지는 연습'을 해도 좋다.

누구나 특별히 취약한 부분이 있다. 조금만 건드려도 발끈하게 되는 개인적인 콤플렉스다. 그러니 특정 부위에 얇은 막을 겹겹이 쳐 어느 정도 마음에 '굳은 살'을 만들

필요는 있다. 여러 사람이 와서 콕콕 찔러대도 느끼지 못하게 내가 취약한 그 부위만 집중적으로 방어하는 것이다. 자기계발서에서 빠지지 않는 내용 중 하나가 바로, 자기최면이다. "달라고 기도했으면 이미 주신 것으로 믿으라"는 성경 구절처럼 "괜찮다, 난 당신이 뭐라 해도 신경 안 쓴다. 이것 또한 지나가리라"는 주문을 외는 것으로 이해하면 쉽다. 처음엔 무슨 효과가 있나 싶지만 반복하다 보면 적어도 비슷한 상황에는 덜 상처받는 효과가 있다. 그러나 발꿈치의 굳은 살 안에는 더 빨갛고 연한 살이 있지 않던가. 고통의 폭풍이 어느 순간 겹겹이 쳐놓은 방어막을 뚫고 닥치면, 속수무책 무너져 내릴 수밖에 없는 환경을 자초하는 것은 아닌가 하는 회의감이 든다.

고통의 근원을 찾아서

독일의 철학자 '니체'*(Friedrich Nietzsche)*는 '고통의 무의미함'이 가장 고통스러운 법이라고 말했다. 나를 성장시키는 밑거름이 된다는 확신이 있다면 고통은 성장통이 된다. 이유와 의미가 분명하다면 '고통스럽다. 그럼에도 불구하고 견딜 수 있다'로 태도가 변한다. 니체는 "고통이라는 말을 들었다고 해서 바로 어두운 표정을 짓지 말도록 하자. 바로 이 경우에도 충분히 고려하고 충분히 뽑아낼 만한 것이 남아 있다. 무엇인가 웃어야만 할 것이 남아 있는 것이다"라고 했다. 다가오는 고통을 무조건 피하려 애쓰기 보다는 필요하다면 고통을 껴안을 줄도 알아야 한다는 얘기다. 모든 에너지를 본인을 방어하는 데만 쓰는 게 잘 살고 있는 거라 말할 수는 없다. 삶은 고통의 연속이니까.

어떤 고통을 피하고 어떤 고통을 껴안을 것인가

그렇다고 모든 고통을 감내하라는 이야기는 절대 아니다. 자꾸 얻어맞다 보면 모든 사람의 화풀이 대상으로 전락하는 최악의 상황을 맞을 수도 있다. 부서 내에서 실수가 잦은 누군가를 골라서 집중적으로 타격하는 이른바, '샌드백 효과'를 직접 경험하고 싶은 게 아니라면 말이다. '인간 샌드백'은 공개적으로 망신을 주면서, 권위를 과시하고 다른 곳에서 받은 스트레스를 푸는 누군가의 '감정 쓰레기통'이다. 사자나 다른 검투사들과의 싸움에 사람을 내몰고 그가 고통스럽게 생존을 위해, 난관을 이겨 나가는 모습을 오락거리로 삼는, 그 옛날 잔인한 검투사 경기를 연상케 한다.

열정을 강요해 놓고 단물만 빼 가는 사람도 있다. "나도 그때는 그랬어"라며 상대방의 노력과 봉사를 강요하는 사람은 감언이설로 마음을 뒤흔들어 놓는다. 조금만 참으면 더 잘되게 도와주겠다는 헛된 약속만 반복하면서. 이런 부류의 고통을 견뎌 봐야 달라지는 것은 없다.

'생각대로 되지 않는 다는 건 정말 멋진 일이야'

아무리 용한 점쟁이라도 앞날을 알지 못한다. 그래서 고통의 수많은 변주를 일일이 대응하는 방법을 익히기 보다는 다가오는 고통을 껴안는 용기를 가지라는 게 더 현실적인 조언이다. 물론 오늘의 고통이 멈춘다고 그게 고통의 끝은 아니다. 고통을 가장 긍정적으로 바라본 사람은 몽고메리의 소설 속 주인공 '빨강머리 앤'인 것 같다. 그는 "생각대로 되지 않는 다는 건 정말 멋져, 생각지도 못했던 일이 일어난다는 얘기니까"라는 멋진 말을 남겼다. 니체와 빨강머리 앤이 주는 고통에 대한 교훈을 정리하자면 이렇다.

"지금 당신이 마주하고 있는 고통의 의미를 찾아라. 그리고 그것이 성장통이라면 과감히 부딪힐 용기를 내라."

기다림,
기회를 위기로 바꾸는
유일한 방법?

"누군가는 새가 울지 않으면 베어 버렸고, 누군가는 어르고 달랬다. 그러나 나는 기다렸다"*(도쿠가와 이에야스)*.

바쁜 세상에 무엇인가를 기다린다는 것, 쉽지 않은 일이다. 게다가 한참 주변이 복잡하고 어려운 상황에 놓여 있을 때 "기다리라"는 말은 원망스럽게 들리기도 한다. 절망에 빠져 보지 않은 사람이 더 이상의 위로의 표현을 찾지 못할 경우 "때를 기다리라"는 조언을 하는 듯도 싶다. 막상 힘들어 하는 당사자는 얼른 이 순간을 탈출하고 싶어 하는 데 말이다. 솔루션을 주지 못할 거면 말이나 하지 말지, 얄밉게 몇몇 자기계발서를 통해 읽었음 직한 문구를 소화하는 사람들도 있다. 이런 이들을 가리켜 '재수 없다'고 표현한다.

그러나 전화위복(*轉禍爲福*)에는 기다림이 필수다. 우선 지금까지의 변화무쌍한 상황을 관찰할 수 있는 심적 여유가 있어야 한다. 대부분의 실패는 외부 환경의 변화보다는 나 자신의 습관과 잘못된 의사결정에 기초한 경우가 많다. 따라서 자신의 오류를 수정하려면 조금씩 '숨고르기'를 하고 상황을 파악하는 작업이 절실하다. 힘든 상황을 참지 못하고 여기저기 발을 뻗느라 허우적대는 사람은, 더 큰 화를 초래하게 마련이다. 스스로를 객관화하고 더 나아가 남들과 비교까지 해 가면서 문제를 해결하려면 시간에 투자해야 한다. 기다림은 단순히 '세월아 네월아'하는 순간이 아니라는 말이다.

한 번만, 이성적으로 참아라

이전에 '컨설팅'의 중요성을 말하면서 잠깐 언급했던 '도쿠가와 이에야스'(*德川家康*) 이야기를 짚어 보겠다. 임진왜란을 끝내고 도요토미 정권을 전복시켜 '에도 막부'를 창건한 일본의 영웅으로 알려져 있다. 15세기 말 일본은 역사상 다시없을 군웅 세 명을 맞이한다. 오와리라는 작은 시골에서 군사를 일으켜 교토를 비롯한 일본 중부를 장악한 오다 노부나가, 그의 뒤를 이어 천하를 통일한 도요토미 히데요시*(豊臣秀吉)*, 그리고 에도 막부라는 300여년의 세습 정권을 창출해 낸 도쿠가와 이에야스다.

이들은 패러다임을 바꿨다. 그때까지 일본의 전국시대*(戰國時代)*는 지역에서 오래도록 뿌리를 내린 명문 영주들에 의해 주도되고 있었다. 그러나 공교롭게도 상류 사회에서 별로 출신이 귀하지 않았던 오다, 도요토미, 도쿠가와가 궤를 뛰어넘는 군사 전략과 상인들과의 연대를 통한 자본 조달, 그리고 정보에 기초한 영토 확장으로 1000년 넘게 정체되어 있던 일본 사회의 질서를 변화시키는 데 성공한다.

이들에게 혁명적 변화를 주도할 수 있는 기회가 쉽게 찾아오지는 않았다. 특히, 도쿠가와 이에야스는 50세가 되기 전까지 연거푸 쓰디 쓴 잔만 마셔야 했다. 우선 10대에는 이마가와 요시모토라는 영주에게 볼모로 잡혀 가 한뎃밥을 먹으며 종군했다. 그리고 2~30대에는 오다 노부나가라는 최대의 조력자를 만나 일본 중부로 진출하지만 다케다 신겐과 같은 인근 지역의 효웅*(梟雄)*들에 의해 패전*(敗戰)*의 쓴맛을 봐야 했던 경우가 많았다.

노부나가가 부하에게 암살당하고 도요토미 히데요

시(豊臣秀吉)가 집권하는 과정에서도 이에야스는 좌절했다. 사실상 오다의 맹우(盟友)로서 대우받고 있었음에도 불구하고 농민(農民) 출신 영주였던 히데요시에게 복속해야 했다. 그러나 인고의 시간들은, 이에야스에게 다시없는 교훈의 시간들이기도 했다. 부하의 모반에 대해서는 어떻게 대응해야 하는지, 자신보다 강한 사람이 충성을 강요할 경우에는 어떻게 대처할지 체득해 나갔던 것이다. 가장 큰 배움은 위기에 대처하는 방법이었다. 거대한 적이나 반군이 나타나 자신을 위협할 때, 놀라서 기에 질리거나 진압을 위해 조급해서는 안된다는 점을 알게 됐다. 전화위복(轉禍爲福)에는 시간이 필요함을 깨닫게 된 것이다.

똑똑한 사람이 조급해지면 패망의 지름길

얼마 전 지인 중 한 사람이 재미있는 말을 했다. 일본 속담 중에 "이소게바 마와루"(급할수록 돌아가라)는 말이 있다는 것이다. 그리고 지금까지 주변에서 최고경영자가 된 사람들 중 상당수가 자기가 똑똑해서라기보다는 때를 기다리며 참은 경우가 더 많다는 지적도 했다.

우선 어려울 때에는 비상한 능력으로 혁신과 변화를 추구할 수 있는 사람이 리더의 자리에 오른다. 그러나 평상

시에는 문제없는 사람 또는, 두루 친한 친구가 많은 사람 등을 리더로 선호하게 된다. 따라서 '제일 똑똑한 사람'이 아니라 성실하고 정직하지만 '무난한'사람이 더 각광받는 경우가 많다. 스마트한 사람들은 때때로 실수도 저지르고 이기적인 행태를 보이지만, 무난한 스타일의 사람들은 남을 배려하는 습관이 밴 경우가 많다는 이유 때문이다. 또, 그의 '악착같지 않음'이 오히려 조직원들로 하여금 호감을 갖게 하기도 한다. 조급하지 않다는 것은 상대방의 인품과 향기에 젖어 들면서 마음으로 설득될 수 있는, 시간을 준다는 뜻이다. 마음으로 누군가가 복속하는 사람은, 세력을 규합할 수 있는 능력이 탁월함을 보여주기도 한다.

반면, 똑똑한 사람은 조급해지기 쉽다. 히데요시 사후 가장 군사력이 강하고 위협적인 인물이었던, 도쿠가와 이에야스에게 반기를 들어 '서군'(西軍)을 조직한 사람이 있었다. 히데요시 휘하에서 수재로 이름이 높았던 이시다 미츠나리라는 사람이다. 원래 오미(近江) 지역의 한미한 사무라이로 태어났던 그는, 히데요시를 만나 고속 출세를 하게 됐고, 그가 죽을 무렵에는 히데요시에게 정권을 상속하는데 행정적으로 기여하는, 봉행(奉行)의 자리에 오르기도 했다. 그러나 똑똑한 사람답게 정치를 지식과 자기만의 신념으로 하는 게 문제였다.

미츠나리는 이에야스가 히데요시 이후 일본을 집어 삼킬 야욕을 갖고 있다고 보고, 여러 영주들을 설득했다. 그리고 연합군을 기반으로 에도 지역에 웅거하고 있는 이에야스를 압박했다. 그러나 이에야스는 별로 동요하지 않았다. 오히려 북쪽으로 반란군을 공격하러 간다며 히데요시와 그 수하들이 있었던 중심도시 오사카 성을 떠났다.

이것은 고도의 전략이었다. 미츠나리와 그 일파가 세력을 규합하면, 그들을 일망타진할 기회가 생기니까. 그리고 이에야스가 아니라, 미츠나리가 먼저 군사를 일으킨 것이기에 '반란'을 진압한다는 빌미로 오사카 성에 들이닥칠 수 있다. 결국 세키가하라에서 서군과 이에야스가 이끄는 동군이 맞붙었고, 이에야스는 보기 좋게 미츠나리 일파를 제거하고 일본 전토의 최대 실력자로 부상했다. 위기를 기회로 바꾸는 안목은 이처럼 적에 대한 충분한 관찰과 시간 투자에서 나온 것이다.

기다림은 아주 능동적인 실험이다

기다리기를 어려워하는 세상이다. 내가 잠시 멈춰 있는 동안 누군가 나를 앞질러 가지는 않을까, 내가 뒤처지는 건 아닐까 두렵기 때문이다. 그래서 조급증을 내는 사람들은 실수를 한다. 그래서 그 실수로 인해, 그들은 경쟁자들에게 치명적인 약점을 잡히기도 한다. 기다림은 막연히 멈춰 있는 게 아니다. 남들을 관찰할 수 있는 소중한 시간이다. 삶에서 적당히 숨을 고르는 시간을 갖자. 그리고 과거의 습관과 단절하고 새로운 관점을 가질 수 있을 때까지 또, '기다려 보자.'

관점 전환을 두려워하지 마라

"바람이 분다. 이 강풍 속에서 누군가는 상상력을 발휘하지만, 누군가는 고통을 느낀다"*(예카테리나 여제)*.

'남편 잡아먹은 년'이라는 표현은 예나 지금이나 불행한 여성을 가리키는 극단적인 언사 중 하나로 손꼽힌다. 그런데 자신의 정치적 기득권을 위해 남편을 살해한 여자라면 역사는 그녀를 어떻게 평가할까? 그 주인공은 다름 아닌 러시아의 계몽군주 예카테리나 여제이다.

그녀는 측천무후, 클레오파트라, 그리고 한국의 선덕여왕 못지않게 인류 역사에 거대한 족적을 남긴 여성 군주로 분류된다. 그녀의 파란만장한 생애는 러시아 제국의 불행으로부터 시작됐다. 현명한 군주 표트르 대제가 젊은 나이로 사망하자 제국의 왕관은 여러 황제들에게 떠다니다가 결국, 슐레스비히 홀슈타인의 왕자 표트르에게까지 전해진다. 왕위 지명권을 지닌 엘리자베타 여제는 표트르의 부인으로, 또 다른 독일계 귀족의 딸 소피를 선정한다. 그녀가 바로 예카테리나다.

그러나 표트르는 어리석은 왕이었다. 엽색 행각을 일삼는가 하면, 이유 없이 귀족들을 죽이는 만행을 저지르기도 했다. 결국 부인 예카테리나는 몇몇 충성파 귀족을 선동해 남편을 왕위에서 끌어 내리고 스스로 권좌에 오른다. 러시아의 세 번째 여성 군주 '예카테리나 2세'의 등장이었다. 그리고 10일 만에 남편은 독살된다. 남편을 잡아먹다 못해 죽이기까지 한, 잔인한 군주였던 것이다.

결혼 생활에 콤플렉스가 생긴 예카테리나는 일평생 스무 명 이상의 애인을 사귀었다. 그러나 말이 좋아 연인이지, 사실상 그녀의 말을 그대로 따를 수 있는 정치, 군사적 수하들이었다. 정치기반이 약했던 예카테리나는 러시아인들의 마음에 들기 위해 전국 각지를 돌아다니며 순방 정치를 하는가 하면, 봉건 귀족들에게 농토를 떼어 주고 마음대로 경영하게 했다. '파이'가 보장되지 않으면 권좌의 안정화도 없을 것이라 믿었기 때문이다.

그러나 그녀가 외국인 출신 군주라는 사실은 오히려 기회가 되었다. 예카테리나는 서양식 제도를 러시아에 도입하고 계몽사상을 받아들여 유럽식 법전을 편찬했다. 그녀를 예찬하던 디드로, 볼테르 등의 계몽 사상가들이 러시아로 출장을 오면서 새로운 국가 건설에 조언하기 시작했다. 예카테리나는 자신이 이방인이기 때문에, 러시아를 변화시키기에 적합하다고 보았다. 그리고 과학기술과 합리적 법제의 힘으로 후진국 러시아를 다른 국가에 버금가는 부강한 나라로 키우기 위해 애썼다.

그녀의 민주적 이상향이 좌절된 건 '푸가초프의 난' 때문이었다. 인민 대표들을 동등하게 정치에 참여시켜, 그들의 권리를 행사하게 하려던 이상주의자 예카테리나는, 그 권리를 핑계 삼아 농노들을 조직화한 푸가초프의 군사 반란에 크게 데였다. 결국 그녀는 예전의 러시아 황제들 못지않은 철권 독재로 돌아갈 수밖에 없었다. 그러나 그녀가 봉건 국가에서 또 다른 국가로의 꿈을 꾸었다는 사실은 역사에 남을 수 있었다. '남편 잡아먹은 여자'는 나라를 변화시킬 만한 힘을 가졌었다. 남다른 안목과 관점의 전환력 덕분이다.

엘리트들이 곧 잘 실패하는 이유

요즘 들어 엘리트들의 자살 소식이 미디어를 떠들썩하게 하는 경우가 많다. 필자의 지인 중 한 사람도, 고위 공무원으로서 탄탄대로를 밟다가, 외국에서 벌어진 사고 때문에 스스로 삶을 마감해야 했다.

그 사회에서 가장 똑똑한 리더들이 극단적 선택을 하게 되는 결정적인 동기는 무엇일까? 자신의 명예에 금이 갈까봐 우려하는 마음, 기존의 권위를 모두 내려놓고 법적 처벌을 받아야 하는 부담 등이 있겠지만, 가장 큰 문제는 자신감 상실이다. 성공 공식이 깨지고 새로운 환경에 적응해야 하는 상태에서 무력감을 느끼는 것이다. 정말 '강철 멘탈'을 가진 사람이라면, 상황을 긍정적으로 받아들이거나 새로운 돌파구를 마련하기 위해 애쓰기 마련이다. 그러나 일평생 '외길'을 걸어왔다고 자부하는 엘리트들 중에는 '유리 멘탈'이 많다. 감당할 수 없는 고난과 치욕을 죽음 또는, 파괴적 방법으로 해결하려는 경향이 있다.

이를테면 '너 죽고 나 죽자'식의 양심 고백을 언론을 통해 흘린다거나, 자신의 추락 배경에는 또 다른 음모가 숨어있다는 식의 '게이트'*(Gate)*를 퍼뜨린다. 위기를 돌파하지 못할거라는 확신이 들면 상황은 더 악화된다. 아예 자신이 몸 담은 곳의 뿌리까지 흔들어가며 '절대 나만 죽을 수는 없다'고 천명한다.

유난히 돌연변이*(Mutation)* 체질이 강한 사람들이 면역력도 강하다. 유명인들 중에도 상상을 초월할 만큼 주변과 사회로부터 욕을 먹는 경우가 있다. 미디어에 비친 그들의 모습을 보면, 조금 '또라이'가 아닌가 싶을 정도로 자기 신념으로 똘똘 뭉쳐져 있는 면모가 드러난다. '똘끼'가 주는 어감 때문에 부정적으로 작용할 거라 속단하진 말자. 그들의 생각과 믿음이 때로는 나약한 사람들의 그것보다 강해서 삶을 살아갈 수 있는 '에너지'가 될 수도 있으니까 말이다.

'상식 밖의 사람들'은 언제든지 자신의 상식이 무시당하고 외면당할 수 있음을 알기에 스스로를 변신시키는 데 능하다. 그리고 뒤집어 보는 사고에도 좋은 능력을 발휘한다. 모두가 'Yes'라고 말할 때 또 다른 관점을 제기하면서 'No'라고 말할 수 있는 강단과 자신감을 갖췄다. 되려 불명예가 그들에게 명성이자 자산이 되기도 한다. 욕을 먹는 것보다 더 무서운 것은 잊혀지는 것이라는 점을 알기에.

바람은 지나간다

앞서 언급한 예카테리나 여제의 말을 다시 생각해 보자. 그녀가 말한 '바람'은 결국 지나가는 것이다. 대중의 생각, 평판, 심리와 같은 것도 마찬가지다. 모든 것이 가변적인 우리의 삶 속에서 고정불변한 것은 존재하지 않는다. 그 가운데서 가장 좋은 에너지는 내가 알고 있는 상식과, 나의 상황이 바뀔 수도 있다는 관점의 전환이다. 그리고 생각이 변화와 동시에 이뤄지는 행동의 변화는 결국, 또 다른 내 모습을 만들게 된다. 우리는 이 과정을 살아가는 사람들이다.

가끔은 아웃사이더로 포지셔닝 하라

"사람들에 대해 안다고 생각할수록, 더 모르는 법이다"*(니시다 키타로)*.

대중들은 '주류'를 좋아하지 않는 습성이 있다. 설사 그가 인기 있는 사람이라 하더라도 가끔씩은 반골 기질을 드러내 주기를 원한다. 잘난 사람들을 높이 평가하지 않는 정서도 있다. 10~20대에 한 사람의 능력을 가늠하는 지표인 '공부'라는 키워드로 검색해 봤다. 가장 많은 연관어가 '어렵다'와 '재수 없다'였다. 똑똑한 사람은 성공해서 잘 살 것이라는 믿음과 동시에 인간적으로 결함이 있을 것이라는 편견이 내재돼 있는 것이다.

얼마 전 내연 관계 논란을 일으켰던, 어느 방송인 겸 변호사에게도 비슷한 군중심리가 작용했다. 그는 한때 실언으로 물의를 빚기도 했었다. 그러나 그는 수년간의 방송 활동으로 쌓은 데이터와 분석력에 기반을 둔, 콘텐츠를 제공한다는 평판을 얻어 왔다. 그가 말하면 '믿을 만하다'는 브랜드 파워를 갖게 된 것이다. 일반적인 방송 프로그램의 패널들은 좀처럼 이야기하기 힘든 정치계 뒷이야기나 외국 사례들을 신선하게 들려주는 것도 그만의 장점이었다. 그러나 그가 방송활동을 왕성하게 하던 시절에도 콘텐츠 제작자들은 일종의 유머소재로, '그가 서울대 법대를 나왔고 사법 고시를 패스했으며 하버드 대학원을 졸업했다는 사실'을 활용했다. 조금 우스꽝스러운 말을 하거나 허당같은 행동을 할때 '이래봬도 서울대 출신'같은 자막을 붙이는 식으로 말이다. '엘리트'라는 자부심은 은연중에 대중에게 거부감을 주기 좋다는 점을 역이용한 것이다.

그가 윤리적 문제로도 볼 수 있는 혼외 관계 논란에 휩싸이자, 여론은 금세 싸늘하게 돌아섰다. 어느 연예 정보 전문 매체가 사진과 이미지들을 조합해 탐사보도를 강행하는가 하면 네티즌들의 '크라우드소싱'*(Crowdsourcing)*에 힘입어, 관계의 상대가 어떤 사람인지 사진까지 유포되기 시작했다. 이른바 '나무 위에 올려놓고 흔들기'심리가 작동한 것이다. 한때를 풍미했던 엘리트일수록, 유명하고 힘 센 사람일수록 '추락할 때에는 날개가 없는' 경우가 많다.

'아웃사이더 포지셔닝'잃지 말라

반면에, 국민적인 인기를 한 몸에 받은 운동선수가 광복절 기념행사에서 보였던 '대담한 자세'와 관련된 진실공방은 스타의 이미지 관리에 관한 또 다른 가능성을 엿보게 했다. 그가 박근혜 대통령 옆에 밀착해 있었음에도 불구하고, 애써 외면하며 딴전을 피웠다는 게 일부 네티즌들의 비판 요지였다. "전 세계적인 스타가 대통령에게 반갑게 인사하는 법을 모를 리 없다. 전직 문화부 장관에게도 그러더니 이번에는 국가 원수를 이용해 디스 마케팅*(Diss-marketing)*을 하는 것이다"라며 일각에서 비난이 일었다.

이후 그가 박 대통령과 반갑게 손을 잡을 수 없는 이유를 분석한 전후맥락 관련 영상도 등장했다. 소란한 장내 분위기, 협소한 물리적 공간 등으로 인해 '본의 아닌 실례'를 범할 만한 여지를 찾아 준 것이다. 진실이 어떻게 되었든 간에 이 사건은 오랫동안 캡처 영상과 사진으로 인터넷에 회자될 만한 이슈가 되어 버렸다. 이른바 '아웃사이더 포지셔닝'이다.

반면, 끝까지 상승욕구만 드러내는 사람들은 언젠가는 꺾이게 되어 있다. 극단을 드러내는 사람들이 그렇다. 대표적인 사례가 프랑스 혁명을 주도했던 '로베스피에르'*(Robespierre)*이다. 원래 가난한 변호사였던 그는 불우한 가정환경과 낮은 사회적 지위에도 불구하고 역경을 딛고 일어 선 인물이었다. 그에게 사회적 지위를 높여 주는 것보다 더 절실한 것은 정치적 야망이었다. 한때나마 프랑스 사회의 주류가 되기 위해, 국왕의 이름을 딴 고등학교에 진학한 그는, 10여년 뒤 완전히 입장을 바꿔, 혁명 주체가 됐다. 그리고 국외 추방 정도로 그치려 했던, 루이 16세에 대한 형벌을 단두대 사형으로 끌어올려 왕비 마리 앙투아네트와 자녀까지 죽음으로 몰아넣었다. 로베스피에르의 야욕은 거기에 그치지 않았다. 달력을 바꾸고 자신의 마음에 들지 않는 사람은 철저하게 탄압했다. '프랑스 혁명의 지도자' 자격으로서 말이다. 원래 아웃사이더였던 그는 나중에는 사람들에게는 너무나 부담스러운 '인사이더'가 돼 버렸다. 나무 위에 올려놓고 끌어내리고 싶은 심리를 자극했던 것이다. 결국은 자신의 정적을 처단하던 방법과 똑같은 방법으로 죽음을 맞이했다.

반면, 남의 눈에 띄기보다 실력을 다지며 판도를 관찰할 줄 알았던 '도쿠가와 이에야스'같은 사람은, 4~50

여 년 동안 기다림의 철학을 실천하며 스스로를 아웃사이더의 입장에서 평가하고 드러냈던 사람이었다. 계산이 치밀하고 전략적인 사람들은 자기 노출에 대한 욕망이 상대적으로 적은 편이다. 물밑 전략을 통해 인심을 얻고 자신이 누군가를 대체할 만한 사람이라는 명망을 이용할지언정 주류라는 시각을 퍼뜨리지는 않는다. 50대 후반의 이에야스는 자신의 숙적이자 전임자였던 도요토미 히데요시(豊臣秀吉) 주변의 '주류'들이, 어떤 실수를 하는지 잘 관찰하고 있었다. 그리고 그는 도요토미 정권에 불만을 갖은 사람들의 마음을 사서, 극단적인 권력 독점에 대한 또 다른 극단적 반감을 조성했다. 실은 주류이면서 비주류로서의 코드(Code)를 적극적으로 이용한 결과, 58세에 일본 전토를 통일하는 기회를 맞았다. '세키가하라의 싸움'을 이용해 도요토미 집안의 주류들을 일거에 소탕한 것이다. 주류에 대한 일반인들의 자발적 반발심을 조직한 결과였다.

나서지 말고 관찰하면 기회가 보인다

정치인들이 좋아하는 '전략적 모호성'도 사실은 쉽게 인사이더처럼 분류되지 않으려는 동기에서 비롯된다고 볼 수 있다. 언제 어디서든 주목받기 좋아하는 사람은 실수하게 되어 있다.

대중의 관심도 집중되고 그만큼 흠도 더 많이 보이는 위치에 놓여 있기 때문이다. 또 인사이더가 되려는 사람들은 관계 맺기를 좋아한다는 점에서 객관성을 쉽게 잃을 위험이 있다. 그들은 네트워크의 허브에 들어가 쉽게 문제를 해결하기를 기대하는 우를 범한다.

일본의 철학자 니시다 키타로가 "그 사람들에 대해 안다고 생각할수록, 더 모르게 된다"라는 재미있는 말을 했다. 네트워크 속에서 끊임없이 정보를 받고 융화되고 자신의 인간성까지 변화하다 보면, 자신이 정말 어떤 위치에 놓여 있는지 객관화하기 어렵다는 뜻이다. 독재 권력 네트워크의 정점에 있었던 로베스피에르는 그 사실을 모르고 10여 년의 성공에 도취됐고, 40여 년을 의도적 아웃사이더로 살았던 도쿠가와 이에야스는 지지자들을 얻어 왕조에 가까운 권력 집단을 만들어낼 수 있었다. 쉽게 나서지 말고 관찰하되, 가끔은 주류와 다르다는 정서를 보여주는 게 대중의 관심을 모을 수 있는 비결이다.

주류로만 군림해서는 안된다면 비주류로만 남으면 그걸로 정말 괜찮은걸까. 지나친 주류 못지않게 지나친 반골도 대중의 입장에서는 부담스러운 집단이다. 일반적인 통념에 저항하고, 기존의 주변 네트워크를 재해석하되 가끔은 평균적인 시선에 초점을 맞출 필요가 있다. "트렌디

하면서 언트렌디한 상품이 성공한다"는 광고기획자들의 말이 통하는 대목이다.

정치권이든, 재계든 혁신이 필요하다고 하는 상황이다. 과거에는 좀처럼 존재감을 피력하지 못하다가 새로운 사회적 자산을 쌓으려는 사람들이 많아지는 시기다. 이럴 때 신중하고도 정확한 '아웃사이더 포지셔닝'이 그들에게 새로운 기회를 제공해 줄 수 있다. 스스로 특정 시스템이나 조직의 오너가 아니라면 명심하자. '건전한 아웃사이더' 원칙을.

내 나이가 어때서

"훌륭한 인간이 되기 위해서는 나이를 먹는 것이 필요하다. 나는 실수를 범하려 할 때마다 그것은 전에 범했던 실수란 것을 깨닫게 된다"*(괴테)*.

한국사회에서 "나이가 정말 중요한가?"라는 질문은 무의미하다. 우리는 얼굴을 마주하자마자 나이를 묻는 습관이 있기 때문이다. 의도했든 의도하지 않았든 간에 나이순으로 서열을 정리하려는 습성이 몸에 밴 탓이다.

"나잇값 하라"는 말도 있다. 유치한 행동을 하거나 나이에 걸맞지 않는 것으로 보이는 태도가 포착되면 너도 나도 쉽게 말하고 듣는 말이다. 그런데 남에게 피해를 주는 것도 아닌데 나잇값 운운하며 비난 받는 건 억울한 면이 있다. 그래서 이런 억울한 마음을 위로해주는 노래, '내 나이가 어때서'가 인기 있는 것이 아닐까.

야 야 야 내 나이가 어때서
사랑의 나이가 있나요
마음은 하나요 느낌도 하나요
그대만이 정말 내 사랑인데
눈물이 나네요 내 나이가 어때서
사랑하기 딱 좋은 나인데
(박무부 작사, 정기수 작곡, 오승근 노래)

오승근씨가 부른 〈내 나이가 어때서〉의 가사에 10대부터 60대에 이르기까지 전 연령대가 공감했다. 이 노래에 끌리는 구체적인 이유는 저마다 다르겠지만 저간에는 나이에 따른 '사회적인 시선이 주는 압박에서 자유로울 수 없기 때문'이라는 공통점이 있다. '네가 지금 이런 거나 하고 있을 나이냐'는 식의 우려*(비록 애정에서 비롯되었다 할지라도)*섞인 피드백은 하나같이 못마땅하다.

"그러는 당신은?"이라고 반박하고 싶은 마음이 굴뚝같지만 일단 참는 게 다반사다. 특히, 이런 핀잔을 윗사람이 줬다면 "허허"하고 사람 좋은 웃음을 보태서 당황스러운 순간을 넘길 수밖에 없다. 그런데 시간이 흘러도 분한 마음이 가라앉지 않는다. 면전에 대고 속 시원히 이야기하지 못해 마음에 응어리가 생긴 것이다. 바로 이럴 때 '내 나이가 어때서'라는 노래로 면전에서 하지 못한 대답을 대신한다.

"할 말은 하고 살자"고들 이야기하면서 주변에서 용기를 내면 '객기'취급하기 일쑤다. '찍히면 죽는다'는 경험 때문이다. 결국 튀지 않기 위해, 오늘도 인내의 열매를 삼킨다. 전문가들은 스트레스를 해소하는 가장 효과적인 방법으로 원인을 제공한 당사자를 찾아가 해결하는 것을 꼽는다. 그러나 애초에 맞설 수 없어 '무작정 참기'를 선택한 사람에게 가능할 리 없는 해결책이다. 상대는 모르게 나 혼자 화를 삭일 수 있는 소극적인 자기방어 방법이 필요하다. 오늘따라 구성진 가락에도 불구하고 내 나이가 어때서 그러느냐고 묻는 가사가 더욱 서글프게 느껴진다.

심리학자들의 연구에 따르면 참고 사는 사람은 자기 결정성*(Self-Determination)*이 점점 저하된다고 한다. 오랫동안 표현하지 않고 억누르는 습관으로 인해 본질적인 욕구마저도 왜곡되는 현상이다. 옛날 우리 할머니들이 냉가슴을 앓다가 화병만 생기고 만 것처럼, 참고 사는 사람들은 상황을 변화시키지도 못할뿐더러 자기 자신의 판단력과 주관마저도 흐리게 한다. 그래서 우리는 요즘 가장 인기 있는 자기계발서 제목처럼 '미움 받을 용기'를 연습하고 고민해야 하나보다.

첫술에 배부르랴. 누군가 화를 돋우는데 직접 분노를 표현할 길이 없다면 담벼락에 돌이라도 던지자. 더 젊어지고 싶고 과감해지고 싶은데, 시선이 두렵다면 나만 알아챌 만큼 작은 것부터 바꿔 보자.

괴테가 나이를 먹는 게 필요하다고 한 이유는 살아온 세월만큼 축적된 경험이 '현명한 선택'을 하는 데 도움이 되기 때문이었다. 누가 옆에서 뭐라고 해도 굴하지 않고 온전히 나만을 위해, 즐겁게 살기 위해 계속 밀고 나가는 것 역시 '현명한 선택'이다. 그 선택이 타인에게 해를 끼치지 않는데도 남의 시선 탓에 몰래 해야만 하는 걸까? 그래야만 한다면 오히려 남을 위해 내 인생에서 너무 많은 것을 포기하고 있는 것은 아닐까?

어른의 무게가 익숙한 나이, 서른

한국 사회에서 가장 상징적인 나이대가 있다. 경제적으로, 사회적으로 진짜 어른이 되는 관문. 바로 서른 살이다. 갓 스무 살로 '어른 걸음마'를 뗀지 10년, 이제는 어른의 무게에 익숙해질 법한 그런 나이다. 어른이 된다는 건 남의 눈치만 볼 게 아니라 삶의 주도권을 스스로 쥔다는 뜻이다. 과도하게 주변만 살피다가 삶을 제대로 누리지 못하는 실수를 저지르고 있는 건 아닌지 살펴볼 나이다.

우리 모두 각자의 자리에서 유쾌하게 살아갈 의무가 있다. 서른에 걸맞지 않은 행동이라고 손가락질 하는 사람에게 떳떳하게 '내 나이가 어때서'라고 반문할 권리가 있다.

청춘과 저항의식

"다르게 생각하는 사람의 자유를 인정하는 것만이 진정한 자유다"*(로자 룩셈부르크(여성 혁명가))*.

저항의 사전적 의미는 '어떤 힘이나 조건에 굽히지 아니하고 거역하거나 버팀'이다. 시스템이나 체제의 오류, 모순을 고발하고 개선하려는 움직임을 살펴보면 그 중심에는 분명, 젊은이들이 있다. "우리 때는 안 그랬는데"라며 요즘 젊은이들은 사회에 대한 관심이나 인식이 부족하다고 입을 모으는 사람들 입장에서는 납득하기 어려운 이야기일 수 있다. 그러나 예나 지금이나 '올바른 저항정신'으로 무장한 청년들이 존재한다는 것은 엄연한 사실이다. 부조리에

눈감지 않고, 눈앞의 이익에 집착하지 않고 바른말 하기를 두려워하지 않는 행동은 박수 받을 만하다.

얼마 전 학창시절부터 소위 운동권에 몸담아왔다는, 한 지인을 만났다. 그는 대학 시절에는 부조리한 학교를 겨냥했고 졸업해서는, 사회의 비리를 정조준 했다고 했다. 십 년 가까이 저항정신을 몸소 실천해 온 셈이다. 그런 그의 눈에 비친 '요즘 젊은이들'은 한심하게 느껴진 듯했다. "저 혼자 잘 먹고 잘 살겠다니 요즘 애들은 사회의식이 부족하다"며 노골적으로 불만을 털어놓았다.

그의 논리에 따르면, 청년실업은 취업으로 해결할 문제가 아니다. 청년 한 사람 한 사람 모두 사회구조의 혁신에 힘을 보태 해결해야 하는 것이다. 고로 뒤에서 불평하는 건 비겁한 행동이다. 그는 앞에서 목소리를 내야만 바꿀 수 있는 힘이 생긴다며, 취업 스펙 쌓기에 매달리는 청춘들을, 본인의 안위에만 목숨 거는 치졸한 사람으로 깎아내렸다. 변화시키는 힘이 필요하다는 점과 앞장서서 크게 목소리를 내야한다는 그의 관점에는 동의할 수 있으나 극단적이고 과격한 주장에는 100% 공감할 수는 없었다.

가장 동의할 수 없는 부분은, 바로 '앞에서 목소리를 내지 않으면 순응하는 것이나 다름없다'는 부분이다. 취업에 성공하기까지 걸리는 시간은 평균적으로 1년 이상이다.

이 기간 동안 청년들은 밤을 새워가며 수백 개의 자기소개서를 쓴다. 그리고 삼삼오오 모여 다양한 면접 유형을 대비하는 그룹 스터디를 하며 열정페이(熱情Pay)도 마다 않고 인턴도 한다. 이것도 모자라 주말엔 공모전 준비에 몰두한다. 이토록 혼신을 다해 열정적으로 살아가는 우리 청년들을 사회의식이 부족하다거나 이기적이라고 매도할 수 있는가. 결코 바람직하지 않은 관점이다. 그는 "그 누구도 차별받아서는 안 된다"고 부르짖으면서 청춘이라면 나처럼 행동해야 한다는 획일화된 잣대를 들이대고 있었다.

지인이 이야기한 것처럼, 사회의 벽은 높고 기회는 한정되어 있다. 안타깝지만 그게 현실이다. 그렇다고 모두가 똑같은 방식으로 현실에 저항해야 하는 것일까. 당연히 그렇지 않다. 저마다 본인에게 가장 잘 맞는 방법을 선택해 살면 된다. 요즘 젊은이들에게 어설픈 비판을 쏟아낸 지인에게 말해주고 싶다. '시리고 차가운 사회에서 살아낸다'는 게 바로, 그 자체로 '저항'이라는 사실을 말이다. 피켓을 들고 서 있지 않다고 무기력하게 순응하는 것은 아니다. 청춘뿐 아니라 사람들은 저마다 나름의 방식으로 현실에 저항하고 있다는 점을 명심할 필요가 있다.

'오늘날의 청춘'에게 쓴소리만 늘어 놓은 지인은 '청춘을 이해하려는 노오오오오오력'이 필요한 것 같다.

합리적
멀티태스킹의 길

"전쟁에서는 한 번 죽지만, 정치에서는 여러 번 죽는 법이다"*(윈스턴 처칠)*.

영국의 전 총리 처칠은, 한 번에 여러 일을 하는 것을 즐겼다고 한다. 게다가 그가 집권했던 시기는 2차 대전기다. 영국과 독일이 오랜 전쟁을 벌이면서 총리의 책상에는, 서로 연관성이 적어 보이는, 업무 관련 문서가 동시다발적으로 쌓여 갔다. 처칠은 그 순간을 즐겼다. 그는 보통 하루에 18시간 이상 일했다. 아침 7시면 일어나 침대에서 새로운 현안을 검토하고 수십 명의 사람과 전화를 하며 지시를 내리고 조언을 듣는 생활을 했다. 그리고 늦은 오전, 관저에 출근해 각료 회의를 하고 동향을 점검하는 게 일상이었다.

잠 잘 시간이 부족할 정도로 업무가 과중해도 그가 절대 빼먹지 않는 게 있었다. 철저한 기록과 스토리텔링이었다. 그는 자신의 일기로 노벨 문학상을 탈 정도로 언어 표현에 탁월했다. 또, 얼핏 봐서는 관련이 없는 사건들을 하나로 묶고 최상의 성과를 낼 수 있게끔 구조화해, 부하들에게 맡기는 데 능수능란했다.

요즘 말로 처칠의 스케줄은 '살인적'이었다. 다행히, 그에게는 심리적으로 부담을 덜 느끼고 의사결정을 내릴 수 있는 능력이 있었다. 상대방을 설득하는 능력도 타의 추종을 불허했다.

지도자가 멀티태스킹*(Multitasking·동시에 여러 개의 작업을 수행하는 일)*을 즐긴다는 것은 부하들도 그 책임을 져야 함을 뜻한다. 따라서 한 번에 여러 가지 일을 시킬 때 '왜 그 일들이 필요하며, 성과로 연결될 수 있는지' 정확한 표현으로 설득하는 작업이 중요하다. 처칠이 이뤄낸 업적을 생각해 보면, 그는 부하직원이 기꺼이 고생하도록 동기부여하는 데 꽤나 능숙한 리더였다.

'내 일이 정말 내 일인가' 고민해 봐라

사실 조직 생활을 하는 누구나 복잡하고 다양한 업무에 시달린다. 윗사람들은 부하의 심리와 스케줄을 배려해 일을 주지 않는다. 회의나 각종 현안 점검 자리를 통해 부여된 '숙제'를 규칙적으로 하달하는 것이 임원과 관리자의 임무다. 게다가, 최고경영자는 절대로 일을 세부적으로 지시하지 않는다. 거대한 전략적 목표를 달성할 수 있는, 가치 있는 업무면 무엇이든 결과로 만들어 오라고 이야기하는 경우가 많기 때문에, 임원들은 항상 마음고생에 시달린다. '어떤 일을 더 해 가야 좋은 평가를 받을까' 염려하기 때문이다. 필자들의 지인인 어느 금융지주 회장도 비슷한 말을 했다.

"임원의 자리에 서면 복잡 다양한 업무와 과제들을 안고 일을 시작하기 전에, 마음 공부부터 해야 한다. 그래서 이 일이 정말 내 부하나 동료들이 해낼 수 있는 것인지 깊이 기도해 보고 의사결정을 내렸다."

조직 구성원들의 능력과 관계없는 멀티태스킹*(Multitasking)*은 오히려 역량을 좀먹는 원인이 될 수 있다. 예를 들어 고객 담당 마케팅 부서에 상품 판매의 회계적 이익을 고민해 보라고 하면 난항에 빠질 수밖에 없다. 일을 바라보는 관점 자체가 다르기 때문이다. 따라서 불가피하게 멀티태스킹이 요구될 때에는 시키는 사람이나 일을 받는 사람이나 '정말 할 수 있는 일인가'에 대한 점검이 필요하다. 자신의 능력과 관계없이 애매한 충성이나 강압적 분위기로 인해 떠맡게 될 경우에는 큰 대가를 치를 수 있다는 것을 명심해야 한다. 그다음 고민해봐야 할 것이 멀티태스킹에서 얻는 성과다. 일을 통해 칭찬을 받지는 못하더라도 열심히 한 '티'는 나야 하지 않겠나. 그런데 대부분 조직 구성원들을 통해 만들어진 업무 자료들은 관리자의 '손'을 타는 과정에서 방향이 전혀 달라지거나, 적절히 상사의 입맛에 맞게 '마사지'되는 경우가 많기 때문에, 멀티태스킹의 전방에 섰던 사람이 얻게 될 실익이 분명하지 않은 경우가 많다. 그러니까 부하직원이 열심히 일할 이유가 없는 것이다. 이러한 상황을 방지하기 위해서라도 상사와 부하 간에 어느 정도 신뢰가 쌓여야 한다. 부하들은 윗사람이 여러 가지 업무를 시킨 뒤, 어떻게 자신들을 평가하는지 관찰한다. 그리고 반복적인 소통 과정 속에서 자신들에게 적절한 보상이 뒤따랐다는 사실을 확인하면 계속해서 윗사람에게 충성한다.

가끔은 '과부하 업무를 쳐내는 것'도 능력이다

부하의 입장에서 상사가 시키는 복합적인 업무를 거절할 수 있는 여지는 많지 않다. 그러나 적절하게 부담을 줄일 수 있는 방법은 있다. '로드 밸런싱'*(Load balancing)* 전략이다. 힘든 업무가 복잡하게 얽힐 때 가장 좋은 처신은, 상사의 표준에 맞추어 말하는 것이다.

"지난번에 시키신 이 일이 아직 덜 끝났는데, 나중에 해도 될까요?"

만일 업무의 완수가 급하다면 리더는 다른 사람에게 책임을 지울 수밖에 없다. 또, 상사도 거절이 아닌 '호소'를 듣게 될 경우에는, 감정적으로 자신의 권위에 손상을 입지 않으면서, 스스로 되돌아 볼 수 있는 기회를 가진다.

복합적인 업무를 수행하는 사람들 중 상당수는 성격이 무던하거나 책임감이 강한 사람들이다. 일을 쳐내거나 다른 사람에게 떠맡기기보다는 자신이 감당하는 게 훨씬 효과적이라고 생각한다. 이런 사람들에게 자주 찾아오는 것이 바로 '번 아웃'*(Burn out)* 증후군이다. 자기 스스로 무엇을 하고 있는지 회의적인 감정을 품게 되는 것이다. 의미부여가 되어 있지 않은 업무의 반복 때문에 제아무리 의지가 강한 사람도 좌초되기 쉽다.

한꺼번에 여러 가지 일을 할 수 있는 능력은 두 가지로 증명한다. 우선, 그가 '유능하다'는 신호로 작동할 수 있다. 그래서 그가 '유능하다'는 것뿐만 아니라 '편하다'라는 느낌을 상사는 동시에 갖게된다. 다시 말해서, 그가 일을 맡으면 무엇이든 잘 해내는 경향이 있으므로 상사 입장에서 업무를 부과함으로써 큰 리스크를 느끼지 않는 것이다. 조직 안에서 '일하는 사람만 죽어난다'는 푸념이 도는 것도 같은 맥락이다. '쳐낼 줄 아는' 능력이 없으면 습관적으로 멀티태스킹의 희생자가 될 수밖에 없다.

일보다 중요한 것은 설득력이다

성공한 CEO들은 업무에 대한 개념화가 남다른 편이라고 한다. 페이스북의 여성 최고 책임자 셰릴 샌드버그*(Sheryle Sandberg)*는 미국 재무부, 구글 글로벌, 디즈니, 스타벅스 등 서로 관련성이 적은 회사들을 넘나들며 다양한 업무에 능통했다고 한다. 그에게 업무란 '언어'다. 정제된 표현과 정리된 수치로 상대방을 설득하는 수단이다. 결국 멀티태스킹이 생긴 이유는, 조직이 수익성을 확보하고 성장하기 위해 설득해야 하는 대상이 다양하기 때문이다. 각각의 청중*(Audience)*에게 맞춤화된 콘텐츠를 제공하자니, 부담과 책임이 늘어날 수밖에 없는 것이다.

따라서 멀티태스킹을 통해 성과를 얻으려면, 먼저 다양한 사람들을 설득하는 능력이 나에게 있는지 고민해야 한다. 어떤 사람들은 상황과 관계에 맞게 자신을 변화시켜가며 적응하는 반면, 어떤 사람들은 정해진 일 이외의 것들은 좀처럼 잘 하지 못한다. 자기 분야에 지나치게 전문화된 사람에게는 멀티태스킹이 맞지 않다. 선택과 집중을 통해 성과를 도출하는 스타일이기 때문이다. 따라서 복합적인 업무를 한꺼번에 맡을지 아니면, 한 번에 한 가지씩 옳은지 점검해보는 절차가 중요하다. 사회학자 '막스 베버'*(Max Weber)*는 그의 책에서 이렇게 말했다.

"인류가 지구의 중심에서 마지막 석탄을 캐낼 때까지 관료제는 존재할 것이다."

맞는 말이다. 회사와 조직이 존재하는 한, 한꺼번에 여러 가지 일을 하도록 요구하는 사례는 항상 있을 것이다. 멀티태스킹을 피하거나 무턱대고 떠안기보다는, '지혜롭게' 다루는 전략이 필요하다.

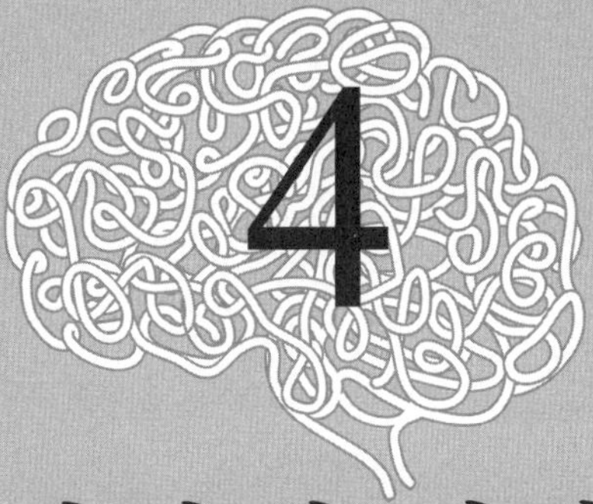

4 '자아의 진화'

적당히 비워라,
당신의 목적을

"창과 문을 내어 방을 만들어도, 비어 있어야 쓸모 있다"*(노자)*.

흔히 '비어있다'고 말할 때 '공'*(空)*이라는 표현을 쓴다. '공터', '공허하다', '공상을 하다'같은 말이 대표적이다. 그런데 '공'개념은 중국에서 불교가 본격적으로 전파되기 시작한 기원후가 되어서야 쓰였다. 그 전에는 보통 '무'*(無)*라는 말을 구분 없이 썼다.

고대를 살았던 현인 노자는 도덕경에서 유무상생*(有無相生)*이라고 했다. 우리 안에 존재하는 것도 사실은 '존재하지 않음'이 전제되어 있기에 진정한 가치를 갖는다는 철학적 관점이다. 삶과 죽음, 선과 악, 기쁨과 슬픔. 그러고 보면 많은 진실들이 양면성을 내포하고 있다. 앞서 "행복은 우울한 얼굴의 천사다"라는 모딜리아니의 개념을 나누었던 것처럼 말이다.

현대의 도시를 살다보면 무엇인가 꽉 차 있다는 생각이 든다. 서울만 하더라도 예전처럼 공터가 많지 않다. 도심지의 낮은 건물을 부숴 고층 빌딩을 세우는 것은 물론이고, 빈 공간을 효과적으로 활용해 다시 채우는 '정리 컨설팅'도 유행하고 있다. 그 범위가 크든 작든 간에 '생산성과 효율성'은 '채움'이라는 말과 동일시되고 있다. 그래서 무엇인가 비어 있으면 비경제적이거나, 주인이 지나치게 여유 있는 사람인 것처럼 보이기도 한다.

인간의 생각도 마찬가지다. 머릿속에 스마트폰으로 인해 24시간 자신의 생각과 타인의 생각이 끊임없이 밀려드는 상황이다. '생각을 비울 시간'은 좀처럼 허락되지 않는다. 게임이나 종이접기와 같은 단순한 일을 하더라도 머리를 비우는 건 불가능하다. 오히려 현실에서보다도 더 많이 머리를 써야 하는 콘텐츠나 게임 같은 것들도 많아졌다. 흔히, '아무 생각 없이 게임에 몰두한다'는 말을 하는데, 자세히 살펴보면 특정 생각을 하지 않기 위해 '게임에 대한 생각만'하는 셈인 것이다. 그렇다 보니, 현대인에게 아무것도 하지 않는다는 것 즉, 무위(無爲)는 불가능한 것처럼 여겨지기도 한다. 오죽하면 어느 카드 광고사가 "격렬하게 아무것도 하고 싶지 않다"라는 카피 문구를 만들었겠는가. 삶의 장면이 복잡하게 연결되어 있고 꽉꽉 들어차 있는 현대인에게는 숨 쉴 수 있는, 여지가 필요하다. 때로는 수많은 인연이나 정보의 끈을 잠시 내려놓고 아무것도 없는, 시간 속으로 들어갈 수 있어야 한다.

다시, 노자 이야기로 돌아가 보자. 정설은 아니지만 노자와 공자가 서로 만난 적이 있다고 한다. 때마침 두 사람 모두 춘추시대 '천자국'인 주나라 낙읍(洛邑)에 머무른 적이 있었던 모양이다. 그런데 노자가 보기에 공자는 너무 성실하기만한 사람이었던 듯하다. 일본사람들은 그런 이를 가리켜 "마지메스기타 닌겐"이라고 표현한다. 직역하자면, '너무 열과 성을 다해서 남 보기에 부담스러울 정도의 강직함을 가진 인물'이 아닐까 싶다.

공자는 제례와 군주에 대한 의전을 강조한 의식(Ritual) 연구자였다. 사람은 의식 속에서 드러나는 마음과 행동을 조심하는 모습을 통해 진화할 수 있다고 믿는 사람이었다. 반면, 노자는 인간의 의도적 행위와 습관이 갖는 폐단을 잘 알고 있었다. 예식과 법률도 결국은 이미 존재하는 인간의 편견, 유위(有爲)의 목적이 포함되어 있음을 깨달았던 것이다.

휴식마저도 의도를 지니는 사람들

40대 마케팅 전문가가, 밤 늦게 집에 귀가했을 때, 생경한 아들의 모습을 마주했다고 한다. 아들 역시 학원에서 막 집에 돌아온 상태였는데 아들의 '쉬는 모습'이 아빠가 보기에는 매우 이상했던 것이다. 핸드폰, 태블릿, 노트북 등을 늘어놓고 각각 다른 매체를 감상하고 있었기 때문이다. 그래서 그는 아들에게 이렇게 말했다고 한다. "좀 쉬지 그래."

아들은 매우 '명쾌하게', "이게 쉬는 거야"라고 대답했다고 한다. 예전 같으면 잠을 자거나 책을 읽거나, 전화를 꺼두는 게 휴식이었다. 그러나 지금은 일상의 최극단인 스마트폰으로 무한대로, 정해지지 않은 패턴의 정보를 받아들이는 게 휴식처럼 여겨지는 세상이다.

또, 휴식은 절대로 목적이 없는 것이 아니다. '인스타그램'*(Instagram)*이나 '페이스북'*(Facebook)*에 휴가 동안 경험했던 맛 집, 수영장, 호텔 로비 같은 곳들의 사진을 잔뜩 올린다. '나는 간지나게 쉬고 있다'는 사실을 경쟁하듯 공유한다. '남 부럽지 않게' 혹은 '남이 부러워 할 만하게' 쉬고 있다는 사실을 인정받고 싶은 것이다. 남들 다 가는 유명한 곳으로 쉬러 간다. 이들에게 여행은 선택이 아니라 필수다. 요즘 핫한 휴양지를 찾아 출국하고, 서핑과 수상스키가 유명한 양양의 죽도해변을 찾고, 불금에는 이태원 경리단길을 즐긴다. 남들 하는 만큼 해야 하니까 가장 무위의 순간이 되어야 할 장면들을 유위로 바꾸는 것, 노자가 현대인들을 봤다면 정말 어리석다며 이렇게 말했을지 모르겠다.

"고새를 못 참고, 또 무엇인가를 해야만 산다고 여기는 것, 그것이야 말로 지루한 삶이다!"

자신만의 가치와 철학을 갖고 열심히 일이나 학업에 몰두하는 삶은 아름답다. 그러나 매 순간 의미와 성과를 내야만 한다고 믿는 것은 강박증이다.

꽉 채워야 한다는 강박증

강박증, 습관, 중독 같은 말들이 하나로 엮여있다는 생각을 해 본 적이 있는가? 일단 모두 '일방향'이라는 공통점이 있다. 특정한 지향점을 가지고 열심히 생각하고 행동할 때 그 사람이 '몰입'하고 있다고 말한다. 몰입한다는 것은 일체의 다른 것들을 잊어버리고 있음을 뜻한다. 때로는 예술 작품이나 꽃꽂이 같은 것에 집중하며 일상의 피로를 잊기도 하지만, 일이나 계획에 몰입해 자신을 채찍질만 하는 사람은 자아가 피폐해진다. 의도하지 않는 커다란 삶의 변화가 찾아왔을 때, 무방비 상태에 놓이기 딱 좋다.

직장생활에 중독된 중노년 남성들을 보라. 일체의 의무와 책임으로부터 해방되는 퇴직은 축복이 되어야 하는데 언제부턴가 위기를 표현하는 단어처럼 변질돼 버렸다. 물론 물가가 늘 오르며 등록금과 용돈을 줘야하는 대학생 아들딸을 두고 있는 우리네 현실을 부정하는 것은 아니다. 그러나 일평생 열심히 일한 사람이, '휴식'을 염려해야 한다는 것은 비극이다. '휴식'을 '휴식'으로 받아들이지 못하는 퇴직자, 열 중 아홉 명이 자영업을 시작한다. 한 집 건너 치킨집 한 집 건너 커피숍이지 않은가. 그 중에 아홉 명이 퇴직금을 고스란히 날린다. 생계를 유지할 만큼 돈을 버는, 나머지 한 사람은 상황이 좀 나을까. 그렇지도 않다. 그 역시도 마음이 팍팍하기만 하다. 그간 익숙했던 사회적 지위, 꽉 차 있던 미팅 스케줄, 수북이 쌓여 있던 업무 서류의 가치가 송두리째 사라진 현실에서 느끼는 상실감이 문제다.

유위*(有爲, 사회적 지위를 통해 스스로의 의미를 찾는 것)* 외에 존재의 의미를 찾지 못했던 중노년에게 "쉬라"고 말하는 건 그 자체로 재앙이다. 스스로 남보다 조금 똑똑하다고 여기고 빠른 출세를 갈망하는 젊은이들도 이와 비슷한 순간이 오면 참담한 심정을 가질지 모르겠다.

우리의 삶을 새로운 장면과 기억으로 채우려면, 적당한 '단절'(斷絕)과 나 자신의 '공동화(空洞化) 되는' 과정이 필요하다. 그래야만 또 다른 아름다움과 즐거움을 주입할 수 있지 않겠는가. 아무것도 잃지 않기 위해 약간의 변화와 비움을 거부하는 당신, 온 몸을 뒤흔드는 급격한 변화가 찾아오면, 모든 것을 내려놓아야 한다. 열심히 하는 연습 못지않게, 아무것도 안 하는 연습도 필요하다. 그런 시간이 있어야만 '당신 그 자체'를 음미할 수 있다. 온갖 허울을 벗은 자연인으로서의 당신과 마주하라.

과거 추억의 본질은 '자연스러움'이다

"덕이 떠나지 않으면, 사람은 어린아이로 되돌아간다"*(노자, '도덕경')*.

도가 사상의 시조로도 알려진 노자는 유난히 '물', '빔', '어린이'와 같은 비유를 좋아했다. 예식과 절제의 행위 속에 인간의 덕을 수양하기를 원했던 공자와 달리 노자가 추구한 가치는 자연스러움 그 자체였다. 인간이 옳다고 믿는 여러 가치와 규범에 얽매이지 않는 어린아이의 상태는 매우 바람직하고도 본질적인 상태처럼 여겼다. 그래서 노자의 글 속에는, 유난히 '어린아이로 돌아가는' 것에 대한 관심이 자주 드러난다.

우리 모두 한때는 어린아이였다. 고무줄놀이, 술래잡기처럼 아련한 동네 친구들과의 추억은 생각만해도 가슴 따뜻해진다. 마음껏 꿈꿀 수 있어서 행복했던 시절은 기억 속에만 존재하는 유토피아 같은 시간이다. 다시 돌아갈 수 없는 유년의 기억을 상기하는 프로그램이 등장했다. 90년대 무렵 〈만들어 볼까요〉와 〈TV 유치원 하나 둘 셋〉의 인기 스타, 김영만의 실시간 방송이었다. '종이접기 아저씨'로 알려진 사람인데, 아동 콘텐츠의 카테고리를 새롭게 개척한 사람이기도 하다.

'추억의 따뜻함'이 갖는 위력

과연 종이접기 전문가, 김영만의 출연이 갖는 의미는 무엇일까? 스마트폰의 확산 이후 10대가 즐길 수 있는 유희의 폭이 넓어졌는데 종이접기 자체는 너무나 아날로그적인 감성의 놀이다. 그러나 소재 자체보다도 그것을 만들어 낸 사람의 의미가 더 크다면 어떨까.

김영만 씨는 1951년생으로 60대 중반을 바라보고 있는 원로다. 그러나 그는 1회 출연때부터 매우 소탈하고 자연스러운 모습을 보여줬다. 한 분야의 선두 주자임에도 불구하고 중후함이나 경험을 전면으로 내세우지 않았다.

그는 '하나 둘 셋'이 1988년부터 방영을 시작했기에 40줄에 접어든 시청자들이 많음에도 불구하고 여전히 청중들을 "어린이 여러분"이라고 부른다. 그러면서 한 마디를 덧붙인다. "이제 어른이 되었으니 잘 할 수 있을 거예요." "가끔 환갑이 된 어머니에게 테이프 붙여 달라고 해 보세요. 얼마나 좋아 하시겠어"라며 과거의 동심을 현재로 끌어내는 힘을 발휘한다. 실제로 방송을 본후 눈물을 흘렸다는 시청자나, 옛날 생각이 난다는 의미의 댓글을 공유한 네티즌도 상당수였다.

김영만 식 '복고'는 절대로 가볍지 않지만, 지나치게 무겁지도 않다. 어른과 멘토의 입장에서 상대방을 가르치는 게 아니라, 어렵고 힘들 때는 어린 시절의 추억을 떠올려 보라는, 부드러운 권유가 사람들의 마음을 다독이는 것 같다. 이른바 '추억의 따뜻함'이다. 함께 '하나 둘 셋'에 출연했던 신세경과 뚝딱이의 우정 출연도 김영만 식 복고의 의미를 생생하게 하는 데 한 몫 했다.

김영만의 종이접기가 갖는 또 다른 측면이 있다. 바로 '추억의 원류성'이다. 방송 상에서 그의 종이접기는 5~10분의 시간 동안 시청자들이 특정 주제에 몰입하게 하는 힘을 가졌다. 요즘처럼 멀티태스킹*(Multitasking)* 즉, 한 번에 여러 가지 콘텐츠를 즐기는 행위가 일상화된 사회에서,

김영만의 단순한 콘텐츠는 반작용적인 힘을 발휘한다. 쉴 틈 없는 사람들에게, 짧은 시간 동안 종이접기를 통해 '단순함'을 추구하는 기회를 주는 것이다. '러쉬'*(Rush)*보다 '허쉬'*(Hush)*를 갈망하는 사회상을 아주 잘 반영한 조치이기도 하다.

그후, 종이접기 책이 불티나게 팔리기 시작했다고 한다. 올해 초 직장인들을 중심으로 '컬러링 북', 즉 색칠공부 책이 인기였던 것과 유사한 대목이다. 단순하고 밀도 있는 행위에 자신을 맡김으로써 복잡하고 고단한 일상을 잊어버리려고 하는 현대인들의 고단함을 매우 잘 건드린 것이다. 복잡한 것에서 단순한 것으로. '적당히 비워라 당신의 목적을'편에서 말한 '비움'을 실천하기 위한 전 단계다.

추억의 기회 포착한 김영만

콘텐츠와 메시지의 풍부함, 메신저*(Messenger)*의 치명적인 매력 등은 하루아침에 나올 수 있는 게 아니다. 오랫동안 기성 콘텐츠의 패턴과 구성에 대해 치밀하게 고민하고 가장 자연스럽게 표현할 수 있는 방법을 찾아야 가능하다.

김영만은 젊은 시절 디자인 광고 전문가였다. 그가 자기 사무실을 내기 위해 일본 여행을 하던 도중, 만난 주제가 바로 '종이접기' 즉, '오리가미'였다. 그당시 그는 친구의 투자 실패로 인해 경제적으로 어려워진 상태에 였다. 각종 고생 끝에 그는 4~7살 아이들이 쉽게 따라 할 수 있는 종이 접기 교재를 개발하기로 결심하고 일로매진했다.

이렇다 할만한 아동용 공작 도구가 없었던 시절, 김영만이 만들어낸 종이접기 작품들에는 동화적인 스토리까지 스며 있었다. 강아지, 코끼리, 걸어가는 지네, 걸어 다니는 펭귄 등이 대표적인 주제였다. 종이접기의 핵심은 실제로 무엇을 만든다는 느낌과 함께 아동이 차례차례 과제(Quest)를 해결해 나가는 과정에서 얻게 되는 자신감이다. 김영만은 너무 어렵지 않은 모델을 손쉽게 만들 수 있는 방법을 창안함으로써 콘텐츠에 공감력을 불어넣었다.

그의 '복고'에서 또 주목해야 할 점이 있다. 가끔은 복고도 발칙해 질 수 있다는 것이다. '마리텔'방송 과정에서 나오는 김영만의 멘트와 대중들의 피드백은 더 이상 어린이들의 대화 내용이 아니다. 오히려 '성인들을 위한 동화'내용에 더 적합하다.

노란색 눈 색깔을 보고 어느 네티즌이 '황달'이라고 표현하자, 김영만은 "여러분이 어렸을 때에는 파란 색 눈을 붙이거나 빨간 코를 붙여도 아무 말 하지 않았다"며 되받아 친다. 그리고 "황달, 최고다. 재미있다. 그런 창의적인 시각으로 사회생활을 하면 잘 될 거예요"라며 의미심장한 대답을 내놓는다. 일상과 뻔한 습관 속에 매몰된 이들에게 새로운 시각을 가질 수 있는 계기를 제공하는 것 같다.

김영만과 비슷한 방법으로 작업을 하는, 미술 작가들이 있다. 유명 브랜드 로고나 캐릭터 등을 번안하여 동양화로 되살려 내는 손동현이 대표적이다. 실제로 그는 슈렉이나 터미네이터, 맥도날드 캐릭터 등을 한국풍 초상화로 되살려 내는 데 능수능란하다. 그림 속 주인공의 이름마저도 한문으로 지어 실제로 읽었을 때의 유머러스함을 노리기도 한다. '요시모토 나라'*(ならよしとも)* 같은 작가도 일본화의 무뚝뚝함과 어두운 표정을 동화 캐릭터로 살림으로써 메시지가 있는 이미지를 만들어 냈다는 평가를 받는다. 동심과 복고를 결합한 작품들은 색다른 울림이 있다.

복고는 단순히 과거 회귀나 미화가 아니다. 오히려 사람들에게 익숙한 과거를 현재의 시선으로 되살려 냄으로써, 그 의미를 되새기고 더 나아가 새로운 가치를 만들어 낼 수 있는 '혁신성'을 상징한다. 이러한 조건이 충족됐을때만 비로소 '골동품'이 아니라, '복고'로 인정받는다.

추억 콘텐츠는 계속될 것이다, 적절한 방법으로 구사되기만 한다면

인간이 과거를 추억하는 한 '추억 콘텐츠'는 앞으로도 계속될 전망이다. 르네상스 시대가 그랬고, 19세기 중반의 프랑스 미술이 그랬다. 현재에서 별 다른 대안을 찾지 못할 때, 사람들은 아름다웠던 옛날을 회고하며 그 안에서 또 다른 메시지를 이끌어 내려고 한다. 지나온 세월을 돌이켜 보는 작업이 구태의연해 지지 않으려면, 그 나름의 새로운 가치를 가져야 한다. 우리 모두 어린 시절의 추억이 있다. 그 추억은 영원한 꿈이자 아이디어의 원천이 될 것이다.

운명의
반쪽을 찾는
당신에게

"우리만이 사랑할 수 있고, 이전에 그 누구도 우리만큼 사랑할 수 없었으며, 이후에 그 누구도 우리만큼 사랑할 수 없음을 믿을 때 진정한 사랑의 계절이 찾아온다"*(요한 볼프강 폰 괴테)*.

아리스토텔레스는 "인간은 정치적인 동물이다"라고 말했다. 사람에게는 공동체 속에서 살아가려는 일종의 본능이 있다는 뜻이다. 우리가 사랑을 하는 이유도 이런 맥락에서 해석할 수 있다. 결혼이란 제도에 관심이 없다 하더라도 누군가와 삶을 공유하고픈 욕구는 있다. 따라서 잠깐의 외로움을 달래기 위한 만남을 제외하면 '운명의 반쪽'

을 찾고 싶다는 생각은 필연적인 것이다. 특히, 당신이 사회가 정한 결혼적령기에 해당된다면 이런 고민은 더욱 깊어진다.

'내 인생의 반쪽을 정말 만날 수 있을까? 아니, 있기는 한 걸까?' 미혼남녀라면 한번쯤 자문해 봤을 법한 질문이다. 교제중인 상대가 없다면 99%, 교제중인 상대가 있다 해도 필이 꽂히지 않는다면 적어도 50%쯤. 그런데 신중하고 또, 신중해도 모자랄 판에 '필'*(Feel)*을 찾는다는 게 아이러니하다. 그야말로 '느낌 적인 느낌'을 중요하게 여긴다는 이야기니까.

괴테*(Goethe, Johann Wolfgang von)*가 말한 '진정한 사랑의 계절'에는 '믿음'이란 전제조건이 붙는다. 그 누구를 만나더라도 지금만큼 사랑할 수 없다는 것을 믿어야만 '진짜 사랑'이라는 이야기다. 이처럼 형언할 수 없는 직감의 영역에만 의존해 지금 이 사랑이 실패냐 성공이냐 혹은, 진짜냐 가짜냐를 운운하는 것은 어딘지 모르게 부자연스럽다.

운명적인 사랑을 믿는다면 성공한 거고 아직 그런 믿음이 생기지 않았다면 실패한 걸까? 이미 지난 일을 두고 '진짜 사랑'이었다고 뒤늦게 깨닫는다면 다음 생을 기다려야 하나? 또 다른 사랑이 찾아온다면 이전에 진짜 사랑이라고 믿었던 것은 착각이었을까? 누구도 명확한 답을 내려줄 수 없다. 사랑은 철저하게 개인적 경험에 의존하는 지극히 주관적인 것이기 때문이다. 그래서 반쪽을 찾는 데 성공했다고 자부하는 사람들을 살펴보면 그 '필'의 정체를 알 수 있지 않을까 하는 희망을 가지고, 그들의 경험을 세 가지 유형으로 정리해봤다.

첫 번째는 사랑의 운명론자다. "그를 보자마자 생각했어요. 아, 이 사람이랑 결혼하겠구나!" 감동적인 러브스토리에 빠지면 섭섭하기까지한 흔하디 흔한 레퍼토리다. 단어 그대로 느낌이다. 그것도 첫 눈에. 이런 종류의 운명론자들은 하늘이 정해준 짝이 있고 언젠가는 반드시 만나게 될 거라는 메시지를 곳곳에 전파한다. 그리고 '말로는 설명할 수 없다'고 덧붙인다. 어쨌든 운명의 상대를 알아차릴 수 있을 거란다. 감전된 듯 짜릿하거나 상대방만 자동 슬로우 모션 처리 된다거나 후광이 비친다거나 그때그때 달라도, 절대 그냥 지나치지는 못할 그런 감정을 기다리기만 하면 된다는 얘기다.

두 번째는 오랜 연인이다. "희로애락을 함께 한 사람, 그래서 마치 내 일부처럼 느껴지는 사람이 반쪽이지!" 함께 한 절대적인 시간의 양이 많다는 건, 그만큼 다양한 '감정의

민낯'을 보여 줄 기회가 많다는 뜻이다. 누구나 연애 초기에는 정제된 모습만 보여주려고 노력하지 않던가. 그러다 팽팽하던 긴장감이 느슨해지는 시기가 온다. 상대방에게 잘 보이려고 스스로를 포장하는 손놀림이 예전만 못해지는 것이다. 본인을 절제하고 다스려가면서 좋은 모습만 보여주려 무던히도 애를 쓰다가, 서로에게 익숙해지면 더 많은 감정을 공유하기 시작한다. 공유의 범위는 슬픔, 분노처럼 부정적인 영역까지 확대되고 공유의 빈도 역시 많아진다. "콩깍지가 벗겨진다"는 표현은 아마 이때부터 적용되는 듯하다. 그래서 있는 그대로의 모습으로, 곁을 지켜주는 사람을 찾으려면 우선 오래 지켜봐야 한다고 입을 모은다.

마지막으로 타이밍 신봉자다. "결국은 타이밍이야, 내가 원할 때 옆에 있는 상대가 내 짝이 되는 거지!" 이들은 운명의 짝은 본인들이 준비된 순간에 만난 사람이라고 주장한다. 상대방이 누구인가 보다 내가 누군가와 평생을 함께 할 마음을 먹었는가가 먼저라는 것이다. "아직은 일이 더 좋아요" 혹은 "저는 음악과 결혼했어요"라는 대답이 나온다면 어떤 사람을 만나도 이어지지 못할 거란 해석을 내놓는다. 가족의 테두리로 정착하고 싶은 바로 그 순간에 맺어진 인연이 평생의 짝이 될 거라는 이야기다. 뭐든 타이밍이 중요하니까.

사랑의 운명론자든 타이밍 신봉자든 오랜 연인이든 간에 타인의 경험을 토대로 누구에게나 적용할 수 있는 '운명의 짝 찾기 공식'을 만드는 것은 불가능하다. 그래서 우리는 스스로의 '필'에 의존할 수밖에 없다. 물론 필이 꽂히는 그 찰나의 순간은 저마다 달라서 '이거다'라고 단언은 못하겠다. 굳이, 여러 사람들의 이야기를 정리해보자면 '스스로 달라졌다고 느끼는 어떤 지점'쯤으로 정의할 수 있지 않을까 싶다. 결혼을 앞둔, 한 친구는 운명을 느낀 그 순간을 이렇게 표현했다.

"이상하게 어느 순간부터 선물 받는 게 큰 기대가 되지 않는 거야, 받고 싶은 물건이 생각나질 않았어. 대신 그에게 해주고 싶은 선물은 줄줄 꿰지. '아, 평생 챙겨주고 싶은 사람이 생겼구나!'하는 생각이 드니까 이 사람이 '그 사람'이구나 필이 꽂혔지."

요리하는 남자, 왜 매력 있을까

"드라마, 드라마, 드라마! 모든 이태리인의 음식은 오페라 같아야 한다네"*(웨이버리 루트, 미식가)*.

미식가 웨이버리 루트가 모든 이태리인의 음식이 '오페라'같아야 한다고 표현한 데에는 나름의 이유가 있다. 유명한 오페라 작곡가 롯시니 때문이다. 그는 30대 후반까지 몇 편 안 되는 작품을 쓰고 과감하게 은퇴해 버렸다. 후배들은 치고 올라오고, 자신은 앞으로 창작 활동을 하지 않아도 충분히 먹고 살 수 있을 것이라는 자신감이 있었기 때문이다. '세빌리아의 이발사', '탄크레디'같은 작품들은, 훗날 롯시니가 죽어서도 유명한 작품으로 오페라 역사에 남았다.

이처럼 여유 있는 작곡가가 주목했던 또 다른 장르가 있다. 바로 '요리'다. 원래, 미식가로 유명했던 그는 레스토랑에서 리조또가 나오기를 기다리며, 탄크레디의 아리아 '이렇게 설레는 가슴이'를 썼다고 한다. 어떤 작품은 선술집에서 친구들이 떠드는 통에 15분 만에 완성했다고도 한다. 말 그대로 천재 기질이 있는 작곡가였다. 그런 그에게 무한한 영감과 사고의 보고가 바로 '요리'였다는 점이 흥미롭다.

요리를 통해 누군가를 더 즐겁게 하고, 그의 마음을 사로잡는 것은 정치 이상의 파급효과를 지닌다. 특히, 롯시니는 자신의 이름을 딴 송로버섯 요리, 스파게티 등의 레시피를 여럿 만들어 냈고 이 음식은 오늘날 프랑스 레스토랑에서도 진귀한 것으로 알려져있다. 롯시니의 음식에 대한 열정은 그를 인류사에서 '삶의 여유로움과 풍요로움'을 아는 예술가로 자리매김하게 한 셈이다.

요리하는 남자 열풍

롯시니처럼 훌륭한 요리인이 되는 것이 꿈인 것만은 아니다. 요즘 TV를 틀면 어렵지 않게 볼 수 있는 콘텐츠가 바로, 요리 프로그램이다. 멀리 어촌으로 떠나 남자들끼리 생활하며 요리를 하는 모습이나 유명 스타의 냉장고를 털어, 재활용한 재료로 맛을 내는 모습 등 세간의 눈길을 끄는 소재가 많다. 특히, 유명 남자 예능인들이 요리하는 모습은 매우 매력적으로 다가온다. '차줌마', 어느 어머니나 주부 못지않게 가정식에 익숙한 배우 차승원 씨의 요리 솜씨는 새로운 전형의 따뜻한 남성상으로 평가받고 있다.

방송사 입장에서는 광고주를 구하기 쉬운 소재인데다가 다양한 스타들을 등장시켜 자유롭게 이야기를 풀어 나갈 수 있기 때문에 과거에도 요리 프로그램은 존재했다. 요리 경연, 요리 해설 프로도 예전부터 쉽게 볼 수 있었다. 그럼에도 불구하고 요즘 '요섹남'들의 콘텐츠가 이렇게 큰 인기를 끄는 이유는 무엇일까?

빅 데이터 컨설팅 회사 다음소프트가 그 속내를 들여다 봤다. 2013년부터 2014년까지 2년 동안 트위터, 포럼, 블로그 등의 데이터를 통해 '한국인의 여가선용'과 관련된 조사를 수집하여 분석했다. 분석 결과, 오늘날 한국인의 여가는 더 이상 해외여행이나 음악회 같은 '별스러운'이벤트가 아니라 집 안에서 소소한 음식 만들기나 친구 초대와 같은 '소박한 콘텐츠'로 나타났다. 따라서 만들기 부담스럽지 않으면서도, 자신만의 개성을 연출할 수 있는 요리가 대중적인 주목을 받는 것이다. 그런 의미에서 집은 더 이상 따분하고 판에 박힌 일상이 이어지는 공간이 아니다. 푸근하고 친숙하지만 나날이 새로운 하루가 재창조되는 '신나는' 곳으로 인식하게 되었다. '집순이', '집돌이'는 더 이상 '집에만 있는, 게으른 사람'을 뜻하는 단어가 아니다.

요리는 집에서 쉴 때 가족들을 한 가지 관심사로 모을 수 있는 소재다. 외식을 해도 되고, 배달 음식을 이용해도 됨에도 불구하고 굳이 재료를 사다 조리하는 것은 요리라는 행위 자체가 사회적 의미를 갖고 있기 때문이다. 이제 남편이 소파에서 TV를 보며 아내가 차려주는 밥상을 받기만 하는 모습은 용납되지 않는다. 대부분 2~3인 규모의 소가족이므로 남편이 도와주지 않으면 아내는 혼자 모든 일을 해내야 하는 상황에 처한다. 이렇게 일할 수 있는 사람이 제한적이고 맞벌이가 보편화되면서 요리가 더 이상 아내의 의무로 치부되지 않는다. 누군가 찌개를 끓이고 있으면 누군가는 생선을 굽는 시늉이라도 해야 한다. 허드렛일 정도로는 부인을 돕는 남편이 될 수 없다. '대충 시간 보내다 아내가 요리한 음식을 먹겠다'는 태도가 아니라, '능동적인 참여'가 남편에게 요구되는 것이다.

백종원처럼, '함께 호흡하는' 남성 이미지

'집밥'키워드로 '쿡방'의 달인이 된 백종원 대표를 보면 지금껏 많은 이들이 요리에 대해 가져 왔던 부담감과 심리적 진입 장벽이 해소되는 듯하다. 그는 고등어조림, 오징어 요리 같은 것들을 예상치도 못한 재료로 뚝딱뚝딱 만들어 낸다. 까다로운 고명이나 양념을 쓰지 않고도 꽁치 통조림만으로 그럴듯한 일본식 생선조림을 만들어 내기도 한다. 말 그대로 '생활의 지혜'가 묻어 있는 레시피들이다. 몇몇 요리 전문가들은 그의 자질에 대해 의구심을 품는다. '백종원표 집밥'은 일각의 비판처럼 '전통적 의미의 집밥'과는 조금 다를지 모른다. 그가 표방하는 건 '간편하고 손쉬운 집밥'이기 때문이다.

그가 우리에게 주는 것은 단순한 요리 정보가 아니라 일종의 '자신감'이다. 바빠서 또는, 돌아볼 것들이 많아서 좀처럼 신경 쓰지 못했던 주방에 남자들이 눈길을 돌리게 했다. 이 현상은 우리나라에만 국한되지 않는다. 유럽만 하더라도 주방에 투자하겠다고 말하는 가장들의 지불의사가 4900유로를 넘어 섰다. 거의 600만 원 이상을 주방 리모델링에 기꺼이 소비하겠다는 것이다.

사회적인 분위기도 남성들의 요리 참여에 한 몫 한다. 똑똑하고 돈 잘 버는 남자의 모습 못지않게, 보듬어주는 남성상이 인기다. 왜냐하면 남자와 똑같이 여자도 회사 일이나 가사에 치이는 시대이기 때문이다. 상대적으로 여성보다 지구력과 인내심이 강한 남성이, 일찍 퇴근해 저녁 식사를 준비하는 모습은 또 다른 의미의 위로이자 돌봄의 리더십으로 읽힐 수 있다. '시간이 나면' 주방으로 가는 게 아니라, '시간을 내서' 주방으로 가는 남자들의 모습이 각광받고 있는 셈이다.

홍콩영화 〈음식남녀〉*(이안 감독, 랑웅 주연)*를 보면 주인공인 노년의 요리사가 자신의 며느리조차 주방에 못 들어가게 하는 장면이 나온다. 그날 먹을 가족의 음식을 위해 '도마와 칼을 쥔다는 것'이 마치 집안의 리더십으로 직결되는 듯한 모습이다.

"남성 여러분, 요리를 두려워하지 마시라."

'잘 하는 것'보다는 '시도'하는 모습이 더 아름답다. 조금이라도 따뜻한 이미지를 가진 남자, 포용력 있는 남자가 되려면 당신의 여자에게 '계란 후라이'라도 부쳐 주시길!

몽테뉴가 말하는 '건강한 성과 사랑'

"남녀가 준비되어 있지 않다면, 그 일*(성관계)*을 서둘러서는 안 된다. 첫 번의 실패로 구렁에 떨어지는 것보다 적당한 순간을 기다리는 편이 낫다"*(몽테뉴, '수상록')*.

〈수상록〉의 저자 '몽테뉴'*(Michel(Eyquem)de Montaigne)*는 글의 상당 부분을 성과 사랑에 대한 이야기에 할애하고 있다. 당시 프랑스 사회에서는 자유 연애 분위기가 지배적이었다. 국왕이나 고위급 귀족들도 공식 부인과 별도로 다른 여성들과 사랑을 나누는 게 은연중에 허용됐다. 대표적인 케이스가 '여왕 마고'*(La Reine Margot)*였다. 그녀는 소문난 '자유부인'이자 훗날 부르봉 왕가의 시조*(始祖)*가 되는 앙리

4세의 부인이었다. 그녀는 개신교와 가톨릭 간의 화해를 위해 정략 결혼을 선택한 여자였다. 그 때문인지 독실한 가톨릭 신자이자 대비(大妃)였던 어머니 '카트린느 드 메디시스'의 존재에도 불구하고 숱한 귀족들과 염문을 뿌리고 다녔다. 사람들은 마고의 행동이 당연한 반항이라고 여겼다.

몽테뉴도 이런 사회문화적 배경에 영향을 받아 성에 자유로운 남자로 처세했다. 그러나 나름 철학자다운 모습을 보여주기도 했다. 당대 남성들의 성에 대한 심리적 분석을 시도한 것이다. 몽테뉴가 주목한 것은 성에 대한 남성들의 트라우마였다. 귀족으로서 평판에 신경쓰느라 가장 기본적인 욕구를 표출하지 못하는 지배층들의 행동에 초점을 맞췄다. 몽테뉴는 성에 대해 금기시하는 문화가 오히려, 건강하지 못한 성행위로 이어지게 한다고 주장했다.

"이 세상에 사는 동안 우리에게 온전히 육체적이거나 영적인 것은 존재하지 않는다."

더 전위적인 표현도 있다. 실제로 〈수상록〉의 구절들 중에는 적나라한 성적 묘사나 특정 행위에 대한 언급이 자주 등장한다. 프랑스인들의 재기발랄함과 자유분방함을 피력하기라도 하듯.

"옥좌 위에 앉아 봐야 엉덩이 위다."

일반인과는 다른 차원의 사람인 것처럼 그려지지만 군주나 여왕들도 결국은 누군가와 육체적인 사랑을 나누며 기본적인 욕구를 해소하는 사람이라는 의미다. 조선시대였다면 '신성 모독' 또는, '옥체를 폄하한 죄'로 고발될 법한 표현이다. 그러나 몽테뉴는 거침없었다. 사랑은 본능적인 행위이기에 제아무리 위대한 존재라 하더라도 그것에 매달릴 수밖에 없다고 주장했다. 그래야만 인간의 본질적인 연애 행위가 제대로 분석되고 구현될 수 있다고 믿었던 것은 아닐까.

건강한 성과 사랑은 무엇일까

한때 우리 사회는 성*(性)*에 대해 매우 보수적이었다. 자신과 직접 관계가 없어도 성적인 표현이 등장하는 매체나 이야기는 마치 '풍기문란'의 위험을 지니고 있는 것처럼 여기는 게 통례였다. 마광수 전 연세대 교수의 〈즐거운 사라〉와 관련된 논쟁을 떠올려보자.

원래, 그는 연극과 스토리텔링을 전공한 문학자로 창작 예술의 일환으로 성애*(性愛)* 소설을 썼을 뿐이었다. 그러나 사회는 그가 쓴 〈가자 장미 여관으로〉, 〈즐거운 사라〉등의 작품들을 젊은이들과 자라나는 세대에 악영향을 미칠 수 있다고 낙인찍었다. 마 교수는 상당히 오랫동안 각종 고발과 논란에 시달려야 했다. '표현의 자유'와 관련된 논제를 제기하게 된 것도 마 교수의 소설 작품이 발단이 되었다. 그 뒤에는 장정일의 소설 〈내게 거짓말을 해봐〉가 화제가 됐다. 역시 특정 장면이 지나치게 자극적이며 소설 안에 사회 규범에서 허용되기 어려운 상황이 자주 등장한다는 게 원인이었다. 아이러니한 점은 같은 시기에 문학계 밖에서는 상반되는 트렌드가 생겼다는 것이다. 구성애 씨가 방송을 통해 공공연하게 '건강한 성'에 대해 이야기하기 시작했다. 과거에는 입에 올리기도 어려웠던 주제가 지상파에서 논의되는 모습은 거의 '기적'에 가까웠다. 물론, 구 씨의 강의 내용 중 상당수가 요즘은 꽤나 보수적인 스펙트럼으로 여겨지기도 한다. 그러나 성 문제에 대해서 공론화하는 것이 거북하고 부담스러웠던 과거의 분위기 속에서는 꽤나 파격적이었다.

요즘 들어서 사람들은 남녀간의 성 문제를 일상화된 담론으로 여긴다. 금요일 저녁에 편성된 어느 종합편성 채널의 연애 상담 프로그램에서 새로운 유행어가 회자되는가 하면 소비 트렌드까지 만들어 내는 시대다. 한때는 '러브호텔'이라며 폄하되던 모텔 서비스 검색 업체가 주식 시장에 상장할 준비까지 하고 있다고도 한다. 이쯤 되면 성의 양성화 수준은 완성단계라고 볼 법하다.

안타깝게도, 기준이 모호하다

문화비평가들은 일반인의 성 문제는 기업에서의 노동조합 문제 만큼이나 답이 없는 모호한 이슈라고 말한다. 예전 같으면 성 문제에 대한 담론은 '풍기 문란'으로 단속했을 것이다. 그러나 지금은 개개인의 취향과 라이프스타일로 다뤄지고 있지 않은가.

어떤 성별의 어떤 대상을 사랑하느냐 조차도 규제할 수 없는 세상이다. 다양한 성관계를 위한 응용 상품과 서비스들이 성행하고도 있다. '어쨌거나 사용자들이 원하기 때문'이라는 단서가 달린다. 콘돔 브랜드를 런칭한 재벌 3세나 차별화된 성인용품 개발을 홍보하는 20대 벤처 기업인도 있다. 성행위를 더 이상 발칙하다고 볼 게 아니라 나름의 트렌드로 인정해 주자는 시각이 확산됐다. 오늘날의 사회에서 성 문제는 '옳으냐? 그르냐?'의 사안이 아니라, 있는 그대로의 현실로 받아들여야 한다.

'개인적인' 문제지만 분명한 점은 상대방이 원하지 않는 사랑 방식은 건강하지 않다는 사실이다. 의외로 연애에서 가장 큰 고민이 '진도' 또는, '성관계'라는 소셜 데이터 결과도 있었다. 육체적인 사랑을 나눈 이후의 남녀관계는 결코 가볍다고 볼 수 없다. 연인들에게는 피할 수 없는 과제이기에 신중해야 하는 것도 사실이다. '빠른' 또는, '즐거운' 행위를 재촉하는 사회 환경이 의사결정에 방해가 되는 것은 아닌지 되돌아보는 일도 필요할 듯하다. 어찌되었든 서로가 좋자고 하는 일이고, 건강하게 살기 위해 하는 일이니까!

얼마 전 젊은 성 칼럼니스트 은하선 씨의 〈이기적 섹스〉라는 단행본이 세간의 이목을 끌었다. 책 제목대로 "여성들이 더이상 남성을 즐겁게 하기 위해 자신의 욕망을 희생하지 말라"는 구절이 담겨 있는 책이다. 그녀는 연애 관계를 성공적으로 유지하기 위한 '전략'으로서 성을 바라보는 태도를 비판했다. 스스로 성을 즐길 권리도 있지만, 성관계를 하지 않고 살아갈 권리가 있다는 것도 강조했다.

그녀는 우리 사회가 성관계라는 행위 자체에 지나치게 집중하고 있다는 것을 경고하면서. 스스로도 그런 상황에 놓여있지 않은지 비판적으로 되돌아 볼 필요가 있다고 했다.

주변 사람을 이렇게 동기부여 하라

"다시 우리 가슴이 뛰게 하자!"*(스티브 잡스)*.

1990년대 초, 컴퓨터 생산 기업 애플은 경영 실적 부진으로 고전하고 있었다. 애플 이사회가 창업주 '스티브 잡스'*(Steve Jobs)*를 내쫓은지 얼마 지나지 않아 생긴 일이었다. 잡스는 애플에서 방출된 후 '픽사'라는 컴퓨터 애니메이션 기업을 경영하고 있었다. 픽사는 〈토이스토리〉의 성공으로 승승장구했다. 애플 이사회는 위기를 극복하기 위해 잡스를 다시 최고경영자로 초빙할 것을 의결했다. '고향'에 복귀한 잡스는 CEO 자리에 취임하자마자 직원들에게 이렇게 외쳤다. "다시 우리 가슴이 뛰게 하자!"

잡스는 당시 애플이 수익성에만 치중해, 미래에 꼭 필요한 신사업 투자는 게을리하는, 현실을 극복하려 했다. 그리고 단순히 매출을 올리기보다는 사람들의 삶을 바꿀 만한 상품, 혁신적인 경험을 위한 물건을 만드는 게 기업인의 사명이라고 생각했다. 잡스는 관료적이고 비평가적인 성향을 지닌 애플의 경영진들 상당수를 퇴출시켰다. 자기만의 성공공식에 경도된 행동, 잘 되는 사업만 유지하려는 안일주의 등은 잡스가 배격하려는 '관성'이었다. 젊은 시절 자신의 몸을 책상 밑에 우겨 넣어가며 선잠을 잔 상태에서 일했다고 하는 잡스, 그가 치열한 모습을 유지할 수 있었던 원동력은 다름 아닌, 시간이 흘러도 변하지 않은 '꿈'이었다.

잡스처럼 가슴 뛰게 할 자신이 있는 가

우리의 직장생활은 어떨까. 사실 잡스처럼 가슴이 뛰는 환경에서 일하는 사람은 많지 않다. 좋은 연봉과 조건, 그럴듯한 회사 브랜드를 가장 중요한 기준으로 여기고 입사하는 경우가 거의 대부분이다. 수십 곳의 면접을 보고 '뽑아준' 회사에 다니면서 스스로의 정체성을 회사의 코드에 맞춰야만 한다.

젊은이들에게는 직장 안에서 만연한 관료제와 습관

적인 의사결정 방식, 상명하복 식 업무 처리 체제 등을 부정할 의지도 힘도 없다. 잡스와 같은 사람이 사원으로 입사하면 모난 돌이 정 맞는다고 '튀는 사람'으로 오해받기 쉽다. 오버하지 말라는 동료들의 권유, 옳은 말 하는 부하를 아니꼽게 보는 상사 등에게 휘말려 중상모략과 음해의 대상이 되기도 한다.

근무 경력이 오래될 수록 '사람'보다는 '직원'이 된다. 꿈이 사라지는 것이다. 회사 생활은 그저 일, 그리고 회의, 습관적으로 이루어지는 회식과 부장님 말씀과 같은 '죽은 지식과 행동'으로 가득 차게 된다.

'생활인'으로 열심히 살아가는 사이에 미래를 위한 투자와 노력은 게을리하게 된다. 그냥 55세까지 먹고 사는 방법이 회사를 다니는 것이니까 자리에 앉아 있을 뿐이다. 때때로 구조조정이나 조직 통합과 같은 거대한 이슈가 발생하는 경우가 아니면, 특별히 긴장할 이유도 일부러 '생각'같은 걸 하고 살 만한 여유도 없다. 단지, 쳇바퀴처럼 돌아갈 뿐이다. 이런 상태에서 대부분의 일은, 내 의지와 철학과 거리가 먼 것이다. 그저 남이 시키는 것을 받거나 또, 누군가에게 시키는 일의 연속일 뿐이다.

'엑셀 질'이 의미 있으려면

그저 시간 때우기 식으로 퇴근 전까지마무리해야 하는 '엑셀 질', 부장님이 시켜서 만드는 회의 용 '피피티'등에 의미를 부여하기란 쉽지 않다. 어느 대기업 CEO가 '리더십'에 대해 이렇게 정의한 적이 있다.

"작은 일이라 하더라도, 그것이 조직의 성과로 연결되고 회사의 수익성으로 이어진다는 생각을 갖고, 열심히 하는 사람을 리더라고 본다."

그 CEO는 항상 면접 때마다 '꿈'을 이야기 하는 사람들에게 현실적인 조언을 했다고 한다.

"여러분에게 신사업 같은 일은 못 시킵니다. 왜냐하면 현실을 잘 모르기 때문입니다."

그는 젊은 시절 중동과, 동남아 현장으로 돌아다니며 철저히 현실을 익힌 사람이었다. 꿈이 현재에서 시작한다는 것을 모르는 사람은 리더가 될 수 없다. 잡스도 꿈을 위해 거창한 일을 하지 않았다. 그는 선불교의 명상수련이나 좌선을 즐겼다. 그는 모든 욕망과 집착을 잊은 상태에서 일에만 집중하여, 오늘날 애플의 디자인을 창의적으로 만들었다.

잡스가 신봉했던 '선종'(禪宗)은 일본인들의 마음공부와 몸 공부에 지대한 영향을 미친 정신적 사조다. 선종의 영향을 받은 에도 시대의 철학자 이시다 바이간(石田梅岩)은 제업즉수신(諸業即修身), 일이라는 것은 결국 자기 수양에 가깝다고 이야기하기도 했다. 돈을 많이 벌고, 유명해지기 위해 일하는 것이 아니라 그 분야에서 '장인'이 되기 위해 열심히 몸과 마음을 갈고 닦겠다는 구도자적 자세를 말한다.

우리가 사소한 업무에서 의미를 찾지 못하는 이유는 무엇일까? 일을 시키는 상사가 당신에게 비전을 제시하지 못하는 탓도 있겠지만, 당신의 마음 탓도 있을 것이다. 일을 하고 나서 누리게 될 과실이나 보상에 관심을 가질 뿐, 과정에는 신경을 쓰지 않는 자세 말이다. 또, 직장에서 일은 혼자 하는 게 아니다. 여러 사람이 소통하며 함께 하는 것이다. 따라서, 어떤 업무가 성공적으로 마무리되었다 하더라도 특정 개인에게 맞춤화된 보상이 돌아가기 어렵다. 그 와중에 여러 직원들 간의 사내정치가 작동하기도 한다. 이런 복잡한 직장생활 속에서 한 사람으로서 꿈을 유지하려면 '강한 멘탈'이 필요하다. 단순하게 일 자체에만 집중해 보는 것이다. '나는 이 일로부터 무엇을 배울 수 있나?'하고 자문자답해 보는 자세도 필요하다.

'일'을 시켜라, 가슴 뛰게 하려면

윗사람*(상관)*들이 어떻게 일을 시키느냐도 아랫사람*(부하 직원)*의 동기부여와 밀접한 관계가 있다. 제대로 일을 시키는 윗사람*(상관)*들은 일을 통해 아랫사람*(부하 직원)*이 스스로 배울 수 있는 기회를 제공한다.

우리 한국 기업의 상사들 중 상당수가 '제대로 시키지 못하는 사람들'이다. 업무의 성공을 통해 자신이 누리게 될 가치와 욕망을 철저히 감추고, 부하들에게 들입다 일만 시키는 경우가 많다. '너에게도 도움이 되는 일이고, 배우는 바가 클 것이다'라는 말 한 마디도 하지 않는 상사가 허다하다. 업무 내용과 성격이 명확하지 않은 경우도 많다. 자신이 임원에게 받아 온 '숙제'이거나, 높은 분들이 모호하게 설정해 놓은 목표를 200~300% 달성하고자 할 때, 부하들에게 무리하게 일을 배분하는 경우가 많다.

비교적 낮은 직급의 사원들끼리도 사정은 마찬가지다. 자기가 직접 처리하기 힘든 것을 1년이라도 더 입사가 늦은 후배에게 미루거나 곤란한 사안을 넘기는 경우가 허다하다. 복잡한 정황을 깔고 있는 일들을 한 두 건 하고 나면 아랫사람 입장에서는 '영혼까지 털리는 기분'이 든다. 그리고 자신의 진짜 영혼은 다른 곳에서 안식을 취할 수 있을 것이라 믿기 시작한다. 헤드헌터를 찾고 구직 사이트를 검색한다. 참 안타까운 현실이다. 젊은 직원들의 '꿈'을 앗아가는 회사들이 오랫동안 경쟁력을 유지할 수 있을지 우려된다.

이제 우리는 '일의 의미'를 정의해야만 한다. 일을 통한 보상을 논하기 전에, 그 업무가 왜 필요하며 우리 자신을 어떻게 변화시키는지에 대한 고민이 필요하다. 회사는 명확한 업무처리계획을 세워 직원들이 업무 목표를 조직원들이 충분히 납득할 수 있도록 설명해야만 한다. '가슴이 뛰는 회사'는 일 자체가 재미있는 회사, 업무에 정치적 의도를 숨기지 않는 회사다. 일의 즐거움을 통해 직원이 꿈을 꿀 수 있도록, 격려하는 기업이 우리 사회에서도 탄생하길 빌어 본다.

타자의 슬픔에 공감하는 법을 배워라

"슬픔의 힘에 대한 이야기를 하며, 기다림의 슬픔까지 걸어가겠다"*(정호승〈슬픔이 기쁨에게〉)*.

가끔 뉴스를 시청하다 보면 눈길을 돌리고 싶지 않은 소식들이 있다. 가난으로 인해 고통 받는 사람들의 이야기, 잘못된 종교를 믿는 가족때문에 희생당한 일화, 윤리적 결벽증을 이기지 못하고 자살한 가장의 모습 같은 것들이다. 하루하루가 스트레스이고 고역인데 남의 슬픔까지 떠안는다는 것은 일종의 부담이자 짜증이다. '무한도전' 같은 예능 프로그램이 괜히, 인기 있는 게 아니다. 콘텐츠를 감상하는 순간 모든 것을 잊어버리고 웃긴 이야기 자체에 몰입할 수 있는 힘이 있기 때문이다. 혹독한 현실을 살아내고 겨우 몸과 마음을 쉬는, 저녁 시간이나 주말마저 사회의 가장 어두운 민낯을 들여다보고 싶은 사람은 많지 않을 것이다.

그러나 정호승 시인은 그런 이기적인 현대인의 모습을 비판한다. 누구에게나 평등하게 주어질 수 있는 정서인 '슬픔'을 지금 몸이 편하다는 이유로 도외시하지 말라는 것이다. 그는 〈수선화에게〉에서 "울지 마라, 외로우니까 사람이다"라며 눈물과 비탄의 보편성을 말한다. 〈또 기다리는 편지〉에서는 절절하게 사무친 그리움이 사랑하는 일보다 기다리는 일을 더 즐겁게 만든다고 이야기한다. 고통스러운 상황은 피하고 잊어버리려는 것이 인간의 본성이다. 그런데 지금 우리에게 찾아 온, 그것도 내가 책임지고 있지 않은, 비극을 함께 공감하라는 그의 메시지는 선뜻 이해가 가지 않는다.

고통에 대해 노래한 시인 중에는 윤동주도 있다. 시대정신을 대표하는 민족 시인으로 알려져 있지만, 때로는 담백하게 자신의 양심과 감성을 노래한 청년 시인이다. 그는 정호승보다 더 깊게 슬픔을 파고들었다. 우연히 자신의 주변과 세계에 몰아닥친 비극에도, 아픈 가슴을 부여잡으려 했다.

"잎새에 이는 바람에도 나는 괴로워했다."

얼마나 예민하고 독특한 감성인가! '잎새에 이는 바람'따위에 힘들어 하다니. 현대인의 관점에서 보면 윤동주는 삶이 덜 바빴거나 지나치게 자의식이 고양된 사람으로 여길 수도 있다. 하루하루 자신의 일에 충실하다 보면 '딴 생각'할 겨를이 없으니 말이다.

사회는 불평등하다, 그러나 불행은 평등하다

'찰스 틸리'*(Charles Tilly)*라는 사회학자는 '지속적 불평등'*(Durable Inequality)*이란 개념을 설파했다. 사회와 개인의 구석구석에 배어 있는 불평등이나 차별의 문제는 영원히 해결하기 어렵다. 그것을 해결하겠다고 '마르크스'*(Karl Marx)*와 '레닌'*(Vladimir Ilich Lenin)*은 혁명을 주장했고, 많은 종교들은 종말론*(Eschatology)*을 믿기도 했다. 사람의 손길로는 도저히 변화를 일으키기 어려우니, 누군가가 때를 기다려 '다 끝장내 버릴 것'이라는 논리다. 그만큼 해결이 어렵다는 뜻이다.

그러나 정작 불평등한 사회 구조의 혜택을 보고 있는 사람은 변화의 필요성을 느끼지 못한다. 내가 어떻게 기득권이 되었는지를 묻는 것 자체가 존재의 가치를 부정하는 일이 될 수 있다. 인간은 가졌을 때 보수화 되는 것이 아니다. 스스로의 존립 기반에 대해 깊이 고민하고 성찰하지 않을 때 '해묵은 수구파'가 된다. 이 중에는 남의 불행에 대해서 공감하지 못하는 사람들이 있는데 특히, 엘리트 계층으로 보편성과 상식을 말하면서, 이기적인 모습을 보이는 경우가 대다수다. 그들은 타인의 불행이 자신에게도 해당될 수 있다는 사실을, 경험을 통해서만 깨닫는다. 그래서 지금 상대적으로 많이 가진 사람이 덜 가진 사람의 불행에 공감하는 건 쉽지 않다.

그러나 불행은, 지금 불행하지 않다고 해서 불행이 찾아오지 않는 것이 아니다. 시간이 유예됐을 뿐인데 '나와는 관계없는 일'이라며 방어막을 해제해 버리면 어떻게 될까. 타인의 슬픔에 나몰라라 하기 시작하면 불행에 대한 면역력은 약해진다. 기습을 당하면 무너지기 쉬운 것과 같다.

관심*(Attention)*. 가장 손쉽게 동원할 수 있지만 역설적으로 누군가에게 주기 어려운 것이기도 하다. '진정한 관심'은 번지르르한 말로 누군가를 위로하는 것이 아니기 때문이다. 상대방을 먼저 헤아리고 그의 입장에서 먼저 생각할 수 있어야 올바른 관심이 생겨난다. 이 과정에서 치유되는 건 슬퍼하는 상대방뿐만이 아니다. 위로하는 사람도 치유가 된다. 미처 해결하지 못했던 과거의 아픔 또는, 미래에 닥쳐올 슬픔에 대해 무던해지는 기회가 된다. 관심은 세상이 어떻게 돌아가는지 '스캐닝'할 수 있는 촉매제이기도 하니까. 곳곳에 다양한 위험이 상존하는 위험 사회(Risk Society)다. 어느 시점에 어떤 형태로 다가올지 모르는 불행을 조금이라도 덜 느끼고, 때로는 나보다 남을 위로할 수 있을 정도로 '강철 멘탈'이 되기 위해서라도 남의 슬픔에 관심을 가져야 한다.

그래서 시인 정호승은 '슬픔의 힘'에 대한 이야기를 하며 '기다림의 슬픔'까지 걸어가자고 말한 것 아닐까. 비록 내가 겪는 고통은 아닐지라도 누군가가 겪고 있을 뼈아픈 고통에 공감하며, 그가 그 시기를 이겨내고 회복되기까지 보듬어주고 위로해 주자는 것이다. 언젠가는 우리에게도 슬픔이 찾아올 테니까. 위로받기 위해서라도, 면역력을 키우기 위해서라도.

죽음이 때로는 삶의 모티브가 된다

"인간은 항문을 가진 신*(Gods with anuses)*이다"

(어니스트 베커).

인류학자 '어니스트 베커'*(Ernest Becker)*는 인간 행동의 근원 중 하나가 죽음에 대한 공포라고 이야기했다. 그 맥락을 해석하자면, 인간은 다른 동물과 달리 어려움에 직면했을 때 문제를 해결하기 위한 이성과 적응력을 가진 존재라는 것이다. 인간은 생각이 맞는 사람들끼리 머리를 맞대고 협력하는 능력이 있다. 베커는 인간이 불완전성을 자각하고 있는 유일한 동물이라고 하였다. 죽음이라는 본질적 한계를 깨닫고 있기 때문에 자신에게 불가능한 일들은 다른 사람을 통해 해결하려고 한다.

어쩌면 삶은 죽음이 존재하기 때문에 의미가 있는 것인지도 모른다.

베커는 인간은 유한하고 불완전하기 때문에 성적 충동이나 특정 행동으로 몰입하기도 한다. 인간이 불굴의 의지로 만들어낸 문화유산과 기술 혁신도 죽음을 극복하고 영원히 남을 만한 자산을 만들려는 노력에 바탕을 두고 있다고 했다.

'죽음'의 의미에 대해 각 종교별로 다른 해석을 음미하는 것도 흥미롭다. 불교인들은 인간이 죽을 수밖에 없는 이유가 그 자체로 '멸'*(滅)*하는 성격을 지닌 존재이며, 그 이전의 삶은 오로지 고*(苦)*에 해당하는 탓이라고 말한다. 살아서 열심히 고생했기에 그 에너지를 소비할 수밖에 없고, 완전히 스스로 고갈되면 자연 혹은 또 다른 삶으로 돌아가는 것이 생명의 진리라는 것이다. 그래서 끊임없이 삶과 죽음의 고리 즉 윤회*(輪廻)*라는 바퀴를 돌다가 결국에는 '죽지도, 살지도 않는' 법신*(法身)*의 길로 가야만 과거와 현재, 남과 나, 적과 동지 등의 인연*(因緣)*들로부터 자유로워질 수 있다고 이야기한다. 어차피 모든 유위*(有爲)*의 법은 현재에 집착하는 인간의 발버둥이자 안간힘쓰기에 지나지 않는다는 논리다.

한편, 기독교인들은 인간의 죽음에 대해 다소 다른 관점을 취한다. 원래 인간은 영생(永生)을 위한 존재였다는 것이 성경의 요지다. 그러나 태초의 조상 아담과 하와는 창조주가 금지한 선악을 알게 하는 과실(果實)을 먹은 죄로, 밭에서 수고해야만 허기를 채울 수 있고, 끊임없이 한계를 극복하여 환경의 변화에 적응해야만 살 수 있는 존재로 전락해 버렸다. 신의 모습을 닮게 창조된 인간은 아담과 하와의 죄로 인해 유한한 삶을 살게 되었다는 것이 기독교의 논리다. 재밌게도 아담의 7대손이었던 므두셀라조차 950여 살까지 살았다고 하니, 인간의 수명은 원래 '상상 불가능한' 경지였던 모양이다.

역사와 이데올로기가 가능한 이유도 '죽음'때문

조직이론으로 유명한 경영학자 '개릿 모건'(Gareth Morgan)은 그의 저서〈조직의 8가지 이미지〉에서 죽음과 기업 경영 간의 관계를 설명했다. 모든 경영자들은 영원히 기억될 만한, 불멸의 업적을 남기고 싶어 한다. 그래서 다른 사람들은 감히 도전하지 못할 만한 제국을 건설하는 데, 온 힘을 쏟거나 자신을 상징하는 건물을 짓는 일 등에 관심을 기울인다.

역사에서도 비슷한 사례가 있다. 진시황 이야기다. 그는 자신의 수명을 연장하기 위해 동남동녀 수천명을 동해로 보내 불로약을 구하려고 했다. 그러나 목표를 이루지 못하고 내세의 삶을 걱정하게 되었다. 진시황은 자신이 죽은 뒤에도 중국을 통일한 첫 황제로 기억되고 싶어했다. 그래서 여산릉(廬山陵) 속에 거대한 지하 궁전을 짓고 그 안에 자신을 지킬 수 있는 수천의 군대들을 흙으로 빚어 함께 묻어 달라고 했다. 이른바 '병마갱'(兵馬坑)이다. 죽음을 극복하기 위한 문화 창조의 대표적인 사례가 아닐까 싶다. 비슷한 관점에서, 사람이 역사를 기록하고 이데올로기를 통해 그 정신을 전하는 이유도, 따지고 보면 '죽음'에 기반한다는 것이 경영학자 모건의 논리다. 어차피, 사람은 물리적으로 소멸할 육신이기 때문에 정신적으로나마 그 흔적을 후세에게 남기는 것이다. 창업 경영자가 굳이, 자신의 자리를 지키기 위해 노구(老軀)를 끌고 회사에 출근하는 것도 비슷한 맥락이다. 자신이 애써 이룩한 제국을 누군가에게 물려주어야 하는 현실은, 창업자에게 받아들이기 어려운 사실이다. 그래서 그는 끝까지 실권을 놓지 않으려 애쓰다가 죽음 이후에는 동상(銅像)으로 남아 기업의 신앙으로 추앙받기도 한다. 창업자의 위대한 업적은 존경받아야 마땅하다. 그러나 그의 원대한 업적이 장기집권을 정당화하는 수단이 될 수는 없다. 기업 오너 뿐만이 아니다. 자연스러운 은퇴를 거부하는 선배 세대가 각계에 널리 분포해 있지 않은가? 이들의 행보가 우리 사회의 발전을 저해하고 세대 간 통합마저 가로막고 있지 않은지 생각해 봐야 한다.

아름다운 사라짐에 대한 분석이 필요하다

끝까지 자신의 지분을 놓지 않으려는 창업주의 모습은 때때로 노추(老醜)라는 비난을 받기도 한다. 환경이 변했고 시대의 패러다임이 바뀌었는데 과거의 '점방(店房)장사'와 같은 논리로 기업을 경영하고 조직을 운영하는 것은 맞지 않는다는 시각에서이다. 끝까지 자신의 지분을 남기려는 협상에서 아름답지 못한 모습이 나타나기도 한다. 부자간의 소송은 다반사이고 형제간에도 충성 경쟁을 통해 서로 건널 수 없는 강을 건너기도 하는 세상이다. 우리는 바람직한 '세대교체' 과정에 대한 토론을 하여 과연 '아름다운 사라짐'이 무엇인가에 대해서도 깊은 고민을 해야 한다.

전임자는 후임자에게 유한한 자신의 임기를 마무리하며 부드러운 승계를 해야하고, 프로젝트 매니저는 자신의 역할이 마무리되면, 그 성과를 팀 전체로 돌리는 산뜻한 마무리를 할 수 있어야 한다. 그럼에도 불구하고 지나간 과거의 성과 또는, 치적을 붙잡으며 “그래도 내가 이만큼 했잖아”라고 주장하는 모습은 여러 사람의 눈살을 찌푸리게 한다. “아니, 나는 고생 안했나?” 또는 “당신의 업적 뒤에는 수많은 사람들의 관용과 노력이 숨어있었다”는 비판을 받을 수도 있다.

아름다운 마무리를 위해서는 준비가 필요하다. 어른 세대 스스로 한계를 인정할 줄 아는 겸손함이 있어야 하며. 자신의 경험을 정답처럼 강요하는 ‘꼰대’의 기질을 보이지 않기 위해 노력해야 한다. 수 십년간 부귀영화를 누리면서 또 그 다음 단계를 위해 어슬렁거리고 있는 누군가를 발견한다면, 저렇게 살지는 않으리라는 결심도 할 줄 알아야 한다.

에필로그

변화를 위한 실용 인문학

저자들과 함께 긴 시간 동안의 '관점 인문학 여행'을 마친 여러분께 감사 드린다. 책을 읽으면서 조금이라도 생각의 군살이 빠지고 마음의 근육을 다지는 계기가 되었다면 더 없는 영광일 것이다.

'인문학의 위기'라는 말이 한때 학계를 휩쓴 적이 있었다. 학생들은 더 이상 대학에서 지혜를 구하지도 않고 문학, 사학, 철학 등의 과목은 비인기 교과로 분류되어 강의실이 텅텅 빌 정도였다. 학교에서 평생을 좌우할 만한 지적 기준을 마련하기보다는 '좋은 학점'에 혈안이 된 20대들은 대학교 공부도 중고등학교 때 내신처럼 취급해 버렸다.

학생들에게 A^+라는 환상의 숫자는 한 학기 동안의 노력을 지극히 자본주의적인 '스펙'으로 지수화하는 표현처럼 받아들여졌다. 과거 지식의 상아탑이라고 칭송 받던 대학의 순수 학문이 잠깐 소비되고 마는 도구로 전락했다며 자성의 목소리를 내는 학자들도 있었다. 참담한 현실이었다.

인문학의 위기를 열풍으로 바꾼 것은 강단의 학자들이 아니었다. 제도권에서 다소 비주류에 속했던 재야의 철학자들이 자신의 이미지를 '대중철학자'로 재구성하면서 어려운 들뢰즈 철학이나 동양사를 평범한 사람들도 읽게 되었다. 원래 인문학은 귀족의 학문이다. 고대 그리스의 사상가들은 노동의 의무로부터 자유로운 유한(幽閑) 계급으로서 사랑, 삶, 슬픔 등에 대해 원초적인 질문을 던질만한 심적 여유를 지닌 사람들이었다. 시대가 흐르면서 사회의 상층부에 속하는 사람들은 인문학을 자신들과 민초들을 구분 지을 수 있는 '필수교양' 개념으로 포장했다. 동양에서는 인문학이 공무원이 되기 위한 시험 과목으로 편성되었다. 이처럼 인문학은 배타적인 유통 구조를 띠다가 19세기 말부터 인류가 대학이나 고등학교와 같은 근대화된 교육 기관을 갖게 되면서 '공통 교과'로 편입되었다. 물론, 이 당시 인문학 교과들은 특정 문제에 대한 생각의 깊이나 응용력보다는, 반복 학습과 암기의 대상으로 다루어 졌다. 그렇다 보니 인문학을 보통 사람들에게는 재미없는 것으로 읽혀지기 일쑤였다. '대중철학자'들은 21세기에 19세기 말의 패러다임을 유지하며 활력을 잃어간 인문학을 되살려 낸 사람들이다. 일반인들이 민감하게 느끼는 먹고 사는 문제, 연애, 공부 같은 주제와 대 지성인들의 고민을 교묘하게 매칭시키며 쉬운 입담으로 텍스트들을 풀어냈다. 어려운 표현과 개념들 속에 숨겨져 있었던 인문학의 본질을 세상 밖으로 꺼낸, 대중철학자들의 업적은 높이 평가되어야 한다.

인문학 지식이 우리의 삶을 값지게 한다는 점은 모두가 동의한다. 문제는 그 다음이다. 인문학 지식을 실생활에서 어떻게 적용할지에 대해서 모호한 태도를 취하는 책들이 넘쳐난다. 우리는 왜 공자를 알아야 하며 아리스토텔레스의 철학으로부터 무엇을 배워야 하는가? 어떤 인문학자들은 고전을 배우는 과정이 우리의 삶을 낯설게 바라보기 위한 연습이라고 주장하기도 한다. 현실이 엉망진창이기 때문에 개혁이 필요한데, 그 전 단계로 비판적 사고를 길러야 한다는 논리다. 그들에게 인문학은 그동안 순응적으로 살던 현대인들을 새롭게 무장시키기 위한 도구다. 안타깝게도 제도권이 정한 범위에서 '먹고 살아야'하는 대다수 사람들이 받아들이기 어려운 관점이다. 우리는 무엇인가를 비판하는 것을 고사하고 생각 자체를 할 여유도 없이 살아가는 존재들이다. 당장 오늘의 삶이 급한데 무엇을 비판하며 투쟁에 나선단 말인가. 몇몇 젊은 대중철학자들은 불평등, 부조리 등에 대해 강하게 비난한 현대 서양 철학자들을 인용하며, 그들과 같이 현실에 대처하라고 독자들을 선동하기도 한다. 자극적인 필치로 인기를 끌 수는 있겠지만 더 나은 사회를 위해 바람직한 문제 제기인지는 모르겠다.

저자들은 공자, 노자, 몽테뉴 같은 인문학자들이 당시 현실을 기반으로, 인간에 대해 논했다는 점에 주목했다. 그들은 강단에서 철학이나 사학을 강의하는 교수가 아니었다. 대중들의 인기를 끌기 위해 입문서를 쓴 사람은 더더욱 아니었다. 우리가 알고 있는 인문학 대가들은 자신이 속해 있는 사회의 진정한 변화와 사람들의 깨우침을 위해서 지식인으로서 봉사한 사람들이다. 그들은 자신의 가르침이 시험 문제로 출제될 수 있다는 것에 별 관심이 없었다. 사상가 본인의 생각이 그대로 전해지는 것이 목적도 아니었다.

그들은 왜 현실을 추상화해서 이런저런 이론을 만들었으며, 우리는 왜 그것을 배워야 하는 것일까? 어쩌면 인문학 그 자체가 아니라, 그를 통해 얻게 되는 '관점'이 더 중요한 것 아닐까? 우리의 삶을 평소 시각과 다른 각도로 바라보는 연습, 세상의 여러 문제들을 새로운 시각으로 조명하는 훈련을 통해 나와 사회의 변화에 동참하라고 하는 것은 아닌가? 지금은 독립운동을 하는 시대도 아니고 민주화 운동을 위해 짱돌을 드는 시대는 더더욱 아니지만 더 나은 삶을 위해 변화시켜야 할 과제들이 우리 사회에 너무나 많다. 그러기 위해서는 개인이 좀 더 인간답게 살 수 있어야 한다.

또, 저자들은 이 시대를 반영한 인문학적 관점을 이야기하고 싶었다. 스마트폰, SNS, 사물인터넷 등 다양한 기술의 발달로, 우리는 이전과 완전히 다른 사회에서 살고 있다. 삶과 관계를 바라보는 관점도 달라졌고, 옳고 그른 것을 구분하는 방식도 변했다. 한때, 어른 세대는 모바일 메신저나 SNS를 일상 대화에 비해 현저히 가벼운 것으로 치부했다. 그러나 지금 이들 매체는 직접 보고 대화하는 것보다 더 많은 위력을 발휘하고 있다. 인간의 말하기 방식, 글쓰기 방식이 바뀌었고 당연히 생각하는 방식도 바뀌었기 때문에 현실에 맞는 설명이 필요하다. 시중에 나와 있는 인문학 서적들은 이런 시대의 흐름을 반영하지 못한다. 과거의 가르침을 일반인들이 이해하기 쉽게 설명하는 데 치중되어 있기 때문이다. 기존의 접근방법과 차별화되고, 현실을 제대로 설명할 수 있는 인문학 책이 절실하다고 느꼈다.

공교롭게도 저자들의 전공이 사회과학적 관점에서 IT의 경제적 효과와 가치를 분석하는 것이다. 특히, 우리의 삶과 기업, 국가의 변화를 아우르는 '혁신'에 대해 오랫동안 고민해 왔다. 한 사람은 대학 기관의 연구자이자 기고자로, 다른 사람은 날마다 온라인 칼럼을 연재하고 있는 기자로 살고 있다. 상호간에 여러 기회를 통해서 학문적인 토론과 문제 제기를 지속해 온 경험이 있어서 이를 묶어서 책을 내는 작업이 필요하다고 느꼈다. 그리고 기본적인 입장은 '인문학을 좋아하고, 열심히 배웠지만 그것을 수단으로 살아가고 있지 않은 사람'의 관점에서, 가능한 한 실용적으로 여러 화두를 다루는 것이었다. 전문 철학자가 아니기에, 강단에서 활동하고 있는 역사가가 아니기에 누릴 수 있는 '자유'일지도 모르겠다.

인문학은 '그들만의 것'이 아니다. 우리가 서로 나누고, 함께 해석할 수 있는 열린 학문이다. 그래서 열심히 암기할 필요도, 애써 분석하려고 노력할 필요도 없다. 바쁜 일상을 살다가 한적하게 쉴 여유가 주어졌을 때, 잠깐 생각을 환기하기 위한 통로로 인문학을 활용하는 것도 좋은 일이다. 그시간 동안 배운 여러 교훈들이 일상생활에서 문제들을 해결하기 위한 '관점'이 된다면, 저자들은 더할 나위없이 기쁠것이다.

멘탈 갑이 되는

관점의 인문학

멘탈 갑이 되는

관점의 인문학

초판 1쇄 **2016년 2월 19일**
지은이 _ 천영준, 김나영
펴낸이 _ 김현태
교정·교열 _ 김호영
펴낸곳 _ 따스한 이야기
등록 _ No. 305-2011-000035
전화 _ 070-8699-8765
팩스 _ 02- 6020-8765
이메일 _ jhyuntae512@hanmail.net

값 13,500원